★★★

DIETER MÜLLER

Wie Deutschland genießen lernte...

 LINGEN

INHALT

VORWORT

Wenn von „Entdeckern" die Rede ist, denken Sie vielleicht an mutige Seefahrer, die Segel setzen auf der Suche nach unbekannten Kontinenten, an bärtige Abenteurer, die sich mit Macheten einen Weg durch das dichte Unterholz des tropischen Dschungels bahnen oder an Archäologen, die in der Gluthitze namenloser Wüsten nach vergessenen Königreichen graben. Nur wenige überleben diese Strapazen und kehren dann nach Jahren härtester Entbehrungen in ihre Heimat zurück. Im Gepäck tragen sie Landkarten, neue Tierarten oder goldene Statuen und werden von den Daheimgebliebenen gefeiert.

Ihre Namen verewigen sich in Geschichtsbüchern und ihr Mut inspiriert wiederum andere, die Staffel der Erkenntnis weiterzutragen. Allen gemeinsam ist ihre außergewöhnliche Leidenschaft, ihre Besessenheit und ihr unbändiger Wille, immer wieder die Grenzen des Bekannten zu überschreiten.

Als ich Dieter kennenlernte, musste ich unweigerlich an diesen Typus des Entdeckers denken. Mit der Zeit verfestigte sich diese Sicht, denn seine Leidenschaft ist nicht zu übersehen. Wenn wir bei gemeinsamen Reisen zum Beispiel über Märkte gingen, egal ob in Griechenland oder auf Madagaskar, erforschte Dieter die Aromen seltener Früchte, probierte an unbekannten Gewürzen, kostete an exotischen Mixturen und Essenzen und tat all dies mit einer entfesselten Offenheit, stets auf der Suche nach unentdeckten Geschmackskombinationen. Auch wenn ich ihn beim Kochen beobachtete, berührte mich seine seltene Kombination aus völliger Fokussierung und Gewissenhaftigkeit, gepaart mit einer fast entrückt erscheinenden Sinnlichkeit und Sensibilität. Wenn er eine Sauce abschmeckt ist sein Blick fast abwesend, so, als stünde er für Augenblicke in einer anderen Welt der Düfte und Aromen, deren feine Nuancen uns verborgen bleiben. In diesen Momenten spürt man die innere Energie des ewig Suchenden und genau dann wird der Koch zum Entdecker.

Dieter Müller hat in seinem Leben viele neue Geschmackskontinente entdeckt und unsere Sicht auf die Kultur des Kochens nachhaltig verändert. Die deutsche Küche erfuhr durch ihn eine Revolution und genießt heute internationales Ansehen. Uns hat er mit einer Vielzahl von Gerichten und Rezepten beschenkt – jedes für sich einzigartig. Doch anstatt sich auf seinen Meriten auszuruhen, macht er stets weiter, getrieben von dieser Leidenschaft für das Neue. Ein wahrer Entdecker ...

Ranga Yogeshwar

August 2014

AUF GROSSER FAHRT

Die Luft in Mumbai ist heiß und stickig, eine zähe Masse, die sich über die Wartenden im Flughafenterminal legt. Die Ventilatoren surren, aber keine Spur von Abkühlung. Durch die Lautsprecher scheppern unverständliche Durchsagen, die Warteschlange hat sich schon lange nicht mehr bewegt. Seit gut einer Stunde stehen meine Frau Birgit und ich hier an, um die Einreiseformalitäten zu erledigen. Aber die Zollbeamten haben keine Eile. Die Hitze scheint sie zu lähmen und ihnen die Laune zu vermiesen. Als wir an der Reihe sind, reichen wir die Reisepässe durch einen kleinen Schlitz unter der Scheibe, ein Beamter knallt die Stempel in unsere Dokumente. Das sollte es doch endlich gewesen sein. Zu früh gefreut. „Stopp", ruft sein Kollege, „was haben Sie denn da Spitzes in Ihrem Koffer." Ich habe in meinem Koffer, was Köche eben so dabei haben, wenn sie zur Arbeit gehen – meine Messer, meine schönen, scharfen Werkzeuge von Nesmuk und Zwilling, zu Hause frisch geschärft, Präzisionshandwerkzeuge, die mich seit Jahrzehnten begleiten. Das führt zu wirren Diskussionen, aber egal, irgendwann entlässt uns der Beamte in die drückende Schwüle des Nachmittags.

Vor dem Flughafen wartet ein Fahrer, er soll uns zum Hafen bringen, wo die MS Europa liegt, für mich das schönste Kreuzfahrtschiff der Welt, vom „Berlitz-Guide" als einziges Schiff mit „Fünf Sterne Plus" bewertet. Die gut 400 Passagiere werden von zirka 290 Mitarbeitern verwöhnt, von frühmorgens bis spätabends. Es ist alles wie in einem sehr guten Luxushotel, manches ist noch besser, beispielsweise das Frühstück auf dem Lido-Deck: unter freiem Himmel, man zieht vorbei an strahlend weißen Stränden der Südsee, schräg stehenden Palmen, das Wasser türkisblau. Warme Luft weht über Deck, dazu ein Glas frisch gepresster Orangensaft. Zum Frühstück gibt es frisches Birchermüsli, à la minute zubereitetes Rührei und frisch aufgeschnittenen Schinken. Ich weiß, das klingt wie aus einem Werbeprospekt, aber so leid es mir tut, so ist es wirklich. Und ich bin mitten drin. Ein Traum, der wahr geworden ist.

Die MS Europa ist eine Legende auf See und meine neue Heimat als Koch des Restaurants „Dieter Müller" – eines schwimmenden Gourmetlokals. Das gab es noch nie. Auf dem Luxusschiff geht meine Reise als Koch weiter durch die weite Welt, unterwegs mit Menschen, die gern exklusiv reisen und dabei genießen.

Begonnen hat meine kulinarische Reise in meiner Heimat, ganz im Südwesten Deutschlands, in Müllheim, etwa 30 Kilometer südlich von Freiburg im Breisgau. Mitte der 1960er-Jahre, ich war noch nicht einmal 15 Jahre alt, habe ich dort im Hotel „Bauer" meine Kochlehre begonnen. Von Müllheim ging es unter anderem über Bern, Korfu und Wertheim ins Schloss Lerbach, wo mein Restaurant im Jahr 1997 mit drei Michelin-Sternen ausgezeichnet wurde, der höchsten Auszeichnung. 2010 habe ich Lerbach und die drei Sterne zurückgelassen, um meinen großen Traum zu verwirklichen: zu kochen und dabei die Welt zu entdecken. Unterwegs zu sein, um Menschen und Länder kennenzulernen.

Wie mich mein eigener Weg von der gutbürgerlichen Hotelküche in Müllheim zu der feinen, raffinierten Haute-Cuisine geführt hat, haben auch die Deutschen den Weg zum Genuss eingeschlagen. Mein Bruder und ich waren zusammen mit den Kollegen Eckart Witzigmann und Henry Levy Teil des „deutschen Küchenwunders" Anfang der 1970er-Jahre. Ich war hautnah dabei, als Deutschland genießen lernte. Ich habe die Entwicklung vom Jägerschnitzel mit brauner Soße bis zum im Vakuum gegarten Wagyu-Rinderfilet miterlebt und mitgestaltet. Die vielen Schritte von Toast Hawaii zum Currysüppchen mit Zitronengras und Garnelenspieß. Es ist eine faszinierende Geschichte von den Feinheiten der Küche und den Veränderungen in Deutschland. Es ist meine Geschichte.

Sieben oder acht Reisen mache ich pro Jahr auf der MS Europa, manchmal fliege ich in dieser Zeit 50.000 Kilometer. Manche Leute strengt Reisen an. Für mich ist es immer ein großer Spaß gewesen. Auch, weil es immer wieder unfassbare, überraschende Momente bereithält. So wie auf dem Gewürzmarkt in Dubai: Die Händler stehen hinter großen Gläsern voll Curry, Zimt, Safran, Koriander und gemahlenem, scharfem Ingwer. Ein exotischer Duft liegt in der heißen Luft der arabischen Nacht. Das Leben beginnt in den Golfstaaten oft erst am Abend. Tagsüber ist es einfach zu heiß. Auf dem Markt ist es laut, es wird gehandelt und probiert. Und, was mich immer freut – die besten Gewürze sind hier überhaupt nicht teuer. Ich kann nie widerstehen und komme immer gut beladen mit Gewürzen zurück an Bord. Zu Hause habe ich schon eine kleine Sammlung exotischer Ingredienzen, die mich zu neuen Gerichten inspiriert.

Ganz besonders gern erinnere ich mich an einen Markttag in Vietnam. Ich weiß nicht mehr in welcher Stadt es war, aber ich sehe noch vor mir, wie ein Obsthändler eine Kokosnuss mit einem schweren Messer fachmännisch köpfte. Mit unglaublich präzisen, kraftvollen Hieben trennte er das Obere ab, damit ich die Kokosnuss austrinken konnte. Ich habe schon viele große Champagner, Burgunder aus den besten Lagen, Bordeaux aus exzellenten Jahren und Rieslinge von den berühmtesten Winzern getrunken, manche Flaschen viele Hundert Euro teuer, weltweit gesucht, bei Verkostungen hymnisch besprochen, 100-Punkte-Weine, das Nonplusultra. Doch ganz ehrlich: Der Geschmack der kalten Kokosmilch ist mir mindestens genauso präsent, der Genuss war großartig, das Erlebnis einmalig. So etwas erlebt man nur in der Fremde, wenn man sich auf das Neue einlässt, herumstreift und probiert. Ich liebe das.

Wenn ich auf dem Schiff unterwegs bin, versuche ich immer, einen Markt zu besuchen. Wenn wir morgens anlegen, möchte ich wissen, wo man gut heimische Spezialitäten einkaufen kann. Auf der MS Europa wissen das alle. Was für wunderbare Märkte es gibt: Sydney, Nizza, Barcelona oder auch La Rochelle. Dort war ich mit Gästen unterwegs, die unbedingt morgens um halb zehn Austern essen wollten. Gut, wieso nicht? Wir haben wunderbare Qualitäten gefunden, zusammen mit dem Händler habe ich Austern aufgebrochen und wir haben sie genüsslich gegessen, der Geschmack nach Jod, das Salzwasser, so rein, so frisch. Überhaupt La Rochelle: Das Fischangebot ist so grandios, dass ich zu meiner Frau sagte: „Lass uns hierher gehen und ein kleines Lokal am Hafen eröffnen." Morgens kaufe ich die frischen Fische, mittags und abends bereite ich sie zu – ein Traum. Vielleicht wird das etwas im nächsten Leben.

Von meinen Markttouren komme ich manchmal zur MS Europa mit Fischen zurück, die ich gar nicht kenne, manchmal mit vollreifen, unglaublich aromatischen Mangos oder Bündeln frischer Kräuter. Meine Mitarbeiter in der Küche wissen die Signale zu deuten: Achtung, am Abend gibt es eine kleine Änderung im Menü! Genau diese Kreativität und Spontaneität machen das Kochen so fantastisch. Dafür liebe ich meinen Beruf!

Als Kind war ich in Kunst immer gut, ich konnte prima malen. Mein Lehrer fand das großartig, mein Vater weniger, weil er fürchtete, ich wolle Künstler werden. Das erschien ihm viel zu unsicher. Doch für mich war Malen eine Möglichkeit, etwas Besonderes auszudrücken – Kochen ist auch so eine Möglichkeit. Das Gute dabei ist: Ich beherrsche das Kochhandwerk deutlich besser als den Umgang mit dem Pinsel. Und in der Hochküche kann ich beide Elemente wunderbar verbinden: Ich richte die Teller mit großer Freude an. Und ich glaube, dass mir diese gestalterische Begabung bei meinem Weg zum Drei-Sterne-Koch geholfen hat.

So wie in einem großen Restaurant an Land kann ich auf der MS Europa nicht kochen, zumindest nicht ganz. Dafür gibt es mehrere Gründe: Ein ganz wichtiger Punkt ist, dass nicht alle Produkte immer frisch zu bekommen sind. Auf dem Weg durch die Südsee ist es schwierig, frisches Fleisch an Bord zu nehmen. Deshalb müssen wir manchmal auf Tiefkühl-Ware zurückgreifen, die es mittlerweile allerdings in exzellenter Qualität gibt. Ein weiterer Faktor ist das Team. Wir sind nur zu dritt oder zu viert in der Küche, die allerdings top ausgestattet ist. Wir bereiten alles gut vor und kochen dann für die Gäste à la minute, alles frisch zubereitet, wie es am besten ist.

Besonderes Augenmerk legen wir auf die Soßen, die meine große Leidenschaft sind. Dabei kommt uns zugute, dass es auf dem Schiff noch ein Hauptrestaurant gibt, in dem viele Produkte verarbeitet werden. Von dort bekommen wir zusätzliche Fleischparüren, also die Abschnitte, die wir für unsere Soßen verwenden. Unser Qualitätsanspruch in meinem Schiffsrestaurant geht so weit, dass wir die Brötchen selbst backen. Aber klar: Mit einer großen Mannschaft kann man manchmal noch weiter gehen, noch mehr Aufwand betreiben, noch kompliziertere und verspieltere Gerichte kochen. Drei-Sterne-Küche ist immer die Suche nach dem Maximum: Innovation, Geschmack, Harmonie, Zutaten, Tellergestaltung – alles muss perfekt sein. Auch bei den Räumlichkeiten: Die Tische müssen luftig gestellt sein, bloß keine Enge. An Bord eines Schiffes, wo Platz als ein sehr kostbares Gut gilt, ist es schwierig, das in Perfektion zu realisieren. Aber wir machen es ganz gut.

Mein Restaurant bietet Platz für 26 bis 30 Gäste, das ist exklusiv und intim. Gespart wurde bei der Ausstattung an nichts. Noch nie durfte ich mir so schönes, handgefertigtes Geschirr aussuchen, ohne auf den Preis achten zu müssen. Letztendlich haben wir weißes Hering-Porzellan gewählt, schlicht, aber elegant. Die Gläser sind mundgeblasen, das Silberbesteck vom Feinsten.

Mein Ziel auf der MS Europa lautet: Ich möchte kulinarischen Genuss bieten, wie es ihn auf hoher See noch nicht gegeben hat. Ich möchte, dass die Gäste mit einem Lächeln das Lokal verlassen. Sie sollen sich mit Freude an bestimmte Gerichte erinnern, die sie gegessen haben. Ich möchte ihnen ein Geschmackserlebnis bieten, an das sie sich lange Zeit erinnern. Dann sollen sie sich auf die nächste Reise und den nächsten Besuch bei mir freuen. Das ist mein Ehrgeiz, der mich mein ganzes Berufsleben begleitet hat. Natürlich freut es mich, wenn Gäste meine Arbeit auf dem Schiff mit der in meinen früheren Restaurants vergleichen. Viele Passagiere sind weitgereist, wohlhabend und sehr anspruchsvoll. Und wenn dann jemand sagt, „Herr Müller, eigentlich hätten Sie hier auf der MS Europa mindestens einen Stern verdient, eher aber zwei oder drei", dann freut mich das sehr. Es ist eine Bestätigung für unsere Arbeit in der Küche. Es ist eine Anerkennung für die ganze Mannschaft, ohne die ich aufgeschmissen wäre. Kochen ist zu 100 Prozent Teamarbeit, das ist wie beim Fußball. Einzelaktionen bringen nichts, alles muss zusammenpassen. Auch deshalb macht mir die Arbeit in einer Küche so viel Spaß. Auch deshalb hat es bei mir weder einen Kasernenhofton am Herd gegeben noch großes Geschrei. Wenn man so viele Stunden am Tag zusammen ist, dann möchte ich für alle – auch für mich – einen guten Umgangston schaffen.

Die Fahrt vom Flughafen Mumbai zum Hafen dauert nur 45 Minuten und gewährt tiefe Einblicke in ein Land mit extremen Gegensätzen. In Indien nehmen Eselskarren und Elefanten wie selbstverständlich am Verkehr teil. Kleine Mopeds, darauf Fahrer mit Frau und Kind, umschwirren die Autos halsbrecherisch, permanent wird gehupt. Ich kenne Leute, die fürchten sich vor dem Verkehr in Paris oder Rom, weil sie finden, dort gehe es chaotisch zu – nach ein paar Kilometern in Mumbai wirkt jede europäische Großstadt wie eine verkehrsberuhigte Zone in einem deutschen Vorort.

Mich verblüfft in Indien, wie eng großer Reichtum und bittere Armut nebeneinander liegen. Auf der einen Seite moderne Hochhäuser, elegant gekleidete Frauen und Männer in schweren Limousinen, die von einem Chauffeur gesteuert werden. Die Wirtschaft auf dem Subkontinent wächst, die Gewinne steigen. Auf der anderen Seite kampieren Großfamilien an mehrspurigen Straßen, Frauen kochen an offenen Feuerstellen, fauliger Geruch liegt in der Luft. Siedlungen mit Wellblechhütten wuchern auf den Brachflächen, Kinder spielen im Dreck, ihre Kleider sind zerrissen. Einmal sah ich eine alte Frau neben der Straße liegen, ich weiß nicht einmal, ob sie noch lebte. Eine unfassbare Armut, was für ein Elend.

An ein Erlebnis erinnere ich mich besonders: In Mumbai habe ich eine der größten Wäschereien der Welt besichtigt. Sie liegt in einem Industriegebiet, zwischen den Unternehmen stehen Wellblechhütten. Dort wohnen Familien, ohne Versorgung mit fließendem Wasser, oft ohne

Strom, ohne Kanalisation. Nach der beeindruckenden Führung durch den modernen Wäschereibetrieb ging ich zurück zum Taxi. Plötzlich kommt eine junge Frau auf mich zu, fast noch ein Kind. Auf dem Arm trägt sie ein kleines Mädchen, vielleicht zwei oder drei Jahre alt, abgerissene Kleider, schmutziges Gesicht. Flehend zeigt sie auf das Ohr der Kleinen, von dem ein Stück fehlt, wie herausgeschnitten, ein furchtbarer Anblick. „Mister, please give me, help, please." Ich spreche fast kein Englisch, aber das habe sogar ich verstanden.

Vor meiner Tour durch Mumbai hatten mir viele geraten: „Wenn Sie angebettelt werden, geben Sie bloß kein Geld, dann kommen immer mehr Bettler." Aber der Anblick des verstümmelten kleinen Mädchens tat mir in der Seele weh. Also drückte ich der jungen Frau einen 10-Euro-Schein in die Hand. Sie bedankte sich überschwänglich, verbeugte sich und lief davon. Ich war noch nicht beim Taxi angekommen, da rannten zwei weitere junge Frauen auf mich zu. In ihrem Arm hielten sie ebenfalls je ein Kleinkind in einem bemitleidenswerten Zustand. Was sollte ich tun? Ich beschleunigte meine Schritte, ich konnte doch jetzt nicht ganz Mumbai retten. Kurz vor dem Taxi stoppte ich und gab jeder Frau zehn Euro. Dann stieg ich ins Taxi und wir fuhren los.

Nicht nur in dieser Situation, sondern immer wieder, wenn ich unterwegs bin, wird mir klar, wie unglaublich gut es uns in Deutschland geht. Und auf welch hohem Niveau wir jammern. Zehn Euro zu geben, tut mir nicht weh. Aber wahrscheinlich hilft es den jungen Familien ein klein wenig.

Die MS Europa hat in einem Industriehafen angelegt. Die weiße Luxusyacht liegt neben alten Kähnen, schrottreifen Frachtern und langsam vor sich hin rostenden Schiffsrümpfen. Zwei Welten prallen aufeinander. Über die Treppe gehen wir an Bord, oben stehen die Mitarbeiter und rufen: „Willkommen zu Hause!" Ein Erlebnis, das ich immer wieder genieße, denn für meine Frau und mich ist es tatsächlich so: Wenn wir an Bord der MS Europa gehen, fühlt es sich wie Nachhausekommen an.

Das Deck ist spiegelblank, die Räume sind klimatisiert, wir sehen vertraute Gesichter. Auf Kreuzfahrtschiffen sind die Zimmer oft klein, doch auf der MS Europa geht es großzügig zu – knapp 30 Quadratmeter ist das Mindestmaß für die Kabinen, alle haben einen eigenen Balkon. Am Abend legen wir ab, Richtung Westen, hinüber zum Arabischen Golf, Dubai, Abu Dhabi. Als der Kapitän die schweren Schiffsdiesel anlässt, sitzen wir an Deck. Es ist immer noch warm, aber es weht ein leichter Wind. Gegenüber beginnen die Arbeiter mit der Nachtschicht. Mit Schweißbrennern zerlegen sie ein Schiffswrack, mit großen Hämmern gehen sie rabiat zu Werk, Knochenarbeit. Der Eisenschrott kann weiterverkauft werden, Indien ist groß im Geschäft der Schiffsverschrottung. Das blaue Licht der Brenner leuchtet magisch in der Dunkelheit, die MS Europa gleitet in die schwarze Nacht.

Sterneküche ist nichts für Langschläfer. Obwohl wir nur abends geöffnet haben, stehen meine drei Mitarbeiter morgens pünktlich um acht Uhr in der kleinen Küche. Dafür haben sie am Nachmittag ein paar Stunden frei und können an Land gehen – ein Nachmittag in Shanghai, Hongkong, Sydney, Kapstadt oder in Palma de Mallorca, das hat doch was. Allein schon deshalb kann ich allen jungen Köchinnen und Köchen nur raten, auch mal auf einem Kreuzfahrtschiff zu arbeiten und so auf Weltreise zu gehen. Einen ordentlichen Lohn gibt es obendrein.

In manch einem Haushalt ist die Küche größer als bei uns auf dem Schiff. Doch die gut 20 Quadratmeter reichen uns. Wir arbeiten mit besten und modernsten Geräten, die ich ausgesucht habe. Ein Elektroherd ist Pflicht, dann haben wir noch einen Dampfgarer, einen Backofen und einen Niedrigtemperatur-Garer, der die Temperatur ganz genau hält und sich dadurch von den haushaltsüblichen Geräten unterscheidet. Ihn verwende ich für sogenannte Sous-vide-Zubereitungen, also das Garen im Vakuum. Dazu haben wir noch einen Vorwerk-Mixer, ein Gerät, das ich gern mag. Kurz und gut: Die Küche mag klein sein, aber es fehlt an nichts.

Morgens beginnen wir mit einer kleinen Teambesprechung: Was steht an? Welche Arbeiten müssen wir zuerst erledigen? Wir prüfen unsere

Bestände im Kühlhaus und überlegen, welche Waren wir bestellen müssen. Die Order schicken wir Agenten in den nächsten Zielorten, die ohnehin die großen Warenbestellungen für das gesamte Schiff organisieren. Oft stehen in den Häfen große Kühlcontainer mit frischen Lebensmitteln bereit. Dieses System funktioniert fast überall auf der Welt. Je nachdem, wo wir hinkommen, bestellen wir unterschiedliche Produkte: Sind wir in Asien unterwegs, steht beispielsweise Thunfisch oben auf meiner Wunschliste. Qualitäten wie in Tokio gibt es nirgends auf der Welt.

Für diesen ersten Abend, an dem ich wieder an Bord bin, haben wir ein Sechs-Gang-Menü geplant, dazu Amuse bouche und Patisserie. Unter anderem gibt es Crême brulêe von der Gänseleber, ein Duo von Jakobsmuschel und Garnele, Champagnersorbet sowie Filet und Bäckchen vom Kalb mit Lorbeersauce, Polentaschnitte und Vanillekarotten, als Nachtisch Eisparfait von Schokolade und Tonka-Bohne sowie Impressionen von Schwarzwälder Kirsch im Glas.

Meine Kochphilosophie ist es, gute Zutaten zu veredeln und perfekt zuzubereiten. Gern arbeite ich mit alten Rezepten, die ich modern interpretiere, leicht, raffiniert, voller Aromen. Dazu gehört, dass ich nicht viel mit Butter, sondern mehr mit hochwertigen Ölen, vor allem mit Olivenöl arbeite. Der Einsatz von Sahne ist bei mir deutlich zurückgegangen. Gute Küche muss bekömmlich und gesund sein. Am Anfang meiner Karriere war ich stark von der französischen Küche beeinflusst, inzwischen hole ich mir viele Anregungen in Asien.

Die Verfremdungen der Molekularküche mag ich hingegen nicht besonders. Sie ist mir oft zu künstlich, zu unnatürlich. Ehrlich gesagt, kommen mir manche Aktionen wie Arbeitsbeschaffungsmaßnahmen vor: Da nehmen Köche ein gutes Grundprodukt, pürieren es, um es danach wieder in anderer Form kunstvoll aufzubauen, als Schaum oder Gelee. Das finde ich manchmal etwas übertrieben. Obwohl ich Ferran Adrià und seine Verdienste um die Weiterentwicklung der Küchenkunst schätze. Er hat etwas Neues geschaffen und die Bedeutung der Texturen klar herausgestellt. Seine Ideen haben vor allem die junge Kochgeneration stark beeinflusst. Adrià hat mit unglaublichem Aufwand gekocht. In seinem Restaurant in Nordspanien hatte er für 45 Gäste bis zu 40 Mitarbeiterinnen und Mitarbeiter in der Küche. Was man dabei wissen muss: Die meisten haben bei ihm umsonst gearbeitet, weil sie etwas von ihm lernen wollten.

Ich habe Ferran Adrià im Rahmen eines ganz speziellen Filmprojekts näher kennen- und schätzen gelernt. „Die Gans, vier Köche und meine Mutter" von Piet Eekman schildert die Arbeit von vier Spitzenköchen aus vier Ländern. Mit dabei waren der Franzose Pierre Gagnaire, der Japaner Tetsuya Wakuda und der Spanier Adrià während ich Deutschland vertreten durfte. Für mich ist Adrià der Salvador Dalì des Kochens – ein Extrem. Seine „Löffelmenüs" mit 24 oder 32 Portionen waren ein Erlebnis und er hat es geschafft, dass sein Restaurant auf zwei Jahre ausgebucht war. Auch das ist eine Leistung.

Ich werde oft von ambitionierten Hobbyköchen gefragt, was sie von uns Profis lernen können. Das ist einfach: Qualität einkaufen und rechtzeitig mit dem Kochen anfangen. Es geht nichts über ein sorgfältiges „mis en place". Der französische Ausdruck steht für das Herrichten der Zutaten. Wenn es am Abend losgeht, dann muss alles griffbereit, alles perfekt vorbereitet sein. Der große elsässische Koch Émile Jung, der in Straßburg das wunderbare „Le Crocodile" führte, ein mit drei Michelin-Sternen ausgezeichnetes Restaurant, sagte einmal ganz zutreffend, dass es egal sei, wie schnell ein Koch arbeite – er müsse eben nur rechtzeitig beginnen. Recht hat er.

Wenn ich höre, dass manche Hobbyköche erst am späten Nachmittag mit den Vorbereitungen für das Menü am Abend beginnen, dann wundere ich mich über ihren Mut. Ich habe ihn nicht! Meine Köche und ich beginnen am Vormittag! Wenn ich zu Hause für Gäste koche, erledige ich viele Arbeiten morgens. Eile und Hektik sind ganz schlecht in der Küche, dann wird ungenau gearbeitet, es fehlt die Ruhe, um die Gerichte mit der notwendigen Präzision und geschmacklichen Intensität zuzubereiten.

Für dieses Abendmenü auf dem Weg von Indien zum Persischen Golf sehen unsere Vorbereitungen unter anderem so aus: Steinbutte filetieren und parieren, also von Haut und Gräten befreien und in die richtigen Portionsgrößen schneiden: In einem Menü rechnen wir etwa mit 60 Gramm. Das ist nicht besonders viel, aber die Kunst bei der Zusammenstellung des Menüs besteht darin, dass die Gäste immer Lust haben, weiterzuessen. Nach dem Hauptgang sollen sie sich auf das Dessert freuen. Und dann auf die Patisserie und die Pralinen. Wenn sie vom Tisch aufstehen, sollen sie sich nicht schwer fühlen. Hobbyköche meinen es oft zu gut mit ihren Gästen und servieren zu üppige Portionen. Das muss gar nicht sein.

In der Küche ist die Arbeit klar strukturiert. Ein Mitarbeiter (oder natürlich eine Mitarbeiterin) ist für die kalten Speisen zuständig, einer für Gemüse und Beilagen, einer für Fisch mit Soßen, einer für Fleisch mit Soßen. Gearbeitet wird immer parallel. Das heißt, während ein Koch sich mit dem Steinbutt beschäftigt, bereitet ein anderer die Kalbsbäckchen vor. Er befreit sie von Haut und Sehnen, brät sie an und gart sie zusammen mit Zwiebeln, Möhren und etwas Sellerie mit brauner Fleischbrühe bei niedriger Temperatur – etwa 110 Grad – zirka 75 Minuten lang.

Auf dem Herd köcheln derweil unsere Fleischfonds. Dafür haben wir Knochen und Fleischabschnitte im Backofen angeröstet. Dazu kommen, jeweils in Würfel geschnitten, Lauch, Möhre, Sellerie, Zwiebel sowie Petersilie, Pfefferkörner, Lorbeerblätter und Tomatenmark. Das Ganze wird mehrmals mit Rotwein aufgegossen und dann wieder reduziert, dadurch entsteht eine schöne, dunkle Farbe. Schließlich mit eiskaltem Wasser gut bedecken, so wird die Soße klarer und kräftiger. Der Fond wird einmal aufgekocht, danach simmert er drei Stunden vor sich hin. Anfangs den Schaum entfernen, der sich auf der Oberfläche bilden kann, dann muss man nichts mehr tun. Zum Schluss wird der Fond abpassiert. Das geht übrigens am besten mit einer Stoffwindel. Nun kochen wir den Fond bis zur gewünschten Konsistenz ein. Woran ich erkenne, dass ich auf dem Weg zu einer guten Soße bin? Wenn sie kalt ist, muss sie fest zu Gelee erstarren! Salz gebe ich erst am

Schluss dazu. Da beim Einkochen Flüssigkeit entweicht, das Salz aber nicht, ist die Gefahr sonst groß, eine Soße zu versalzen.

Natürlich machen wir auch die Fischfonds selbst, das geht aber viel schneller als ein Fleischfond. Dazu verwenden wir gut gewässerte Gräten, idealerweise von Steinbutt, Seezunge und Scholle. Zusammen mit Würfeln von hellem Gemüse, also Zwiebeln, Fenchel und Lauch in Olivenöl sanft anbraten, mit Weißwein ablöschen. Dann etwas Thymian und weißen Pfeffer zugeben, mit kaltem Wasser bedecken und etwa 30 Minuten simmern lassen. Danach passieren und einkochen. Das ist eine wunderbare Basis für eine Fischsoße, die mit Sahne, Öl oder Butter sowie Kräutern verfeinert werden kann.

Soßen sind für mich ganz wichtig. Eigentlich machen sie für mich das Gericht aus. Sie entscheiden darüber, ob es gut, sehr gut oder umwerfend ist. Es ist doch so: In guten Restaurants arbeiten alle Köche mit exzellenten Zutaten. Sie verwenden bestes Fleisch, das gut abgehangen ist. Sie haben frischen Fisch zur Verfügung und gutes Gemüse. Die Zubereitung ist ebenfalls kein Problem. Wer die Technik beherrscht, den richtigen Herd und eine gute Pfanne hat, brät das Fleisch wunderbar rosa. Das ist nicht schwer. Das Fleisch auf jeder Seite etwa 30 Sekunden heiß anbraten, danach die Hitze reduzieren, und zwar so, dass man gerade noch ein paar Bratgeräusche hört. Bei 54 Grad Kerntemperatur ist das Fleisch rosa. Beim Fisch ist es wichtig, den Mut zu haben, ihn dann zu servieren, wenn er innen noch leicht glasig ist. Dann ist er wunderbar saftig. Das geht so: Bei mittlerer Hitze braten oder bei 80 Grad im Dampf pochieren. Wer keinen Dampfgarer hat, kann den Fisch auch im Backofen bei ähnlicher Temperatur zubereiten, mit etwas Wein oder Fischfond und abgedeckt mit Alufolie.

Doch es sind die Soßen, die diese feinen Produkte veredeln. Sie setzen Akzente, verbinden die Zutaten. Sie geben einem Gericht seine individuelle Note. Eine gute Soße ist für mich ein Kunstwerk. Um sie zu kochen, muss man so viel richtig machen! Das beginnt damit, dass man die Knochen nicht zu scharf, nicht zu dunkel anrösten darf, weil sonst zu viele Bitterstoffe entstehen. Aber eben auch nicht zu wenig, weil die Soße sonst zu leicht wirkt. Wenn der Fond später entsprechend gekocht hat, beginnt die Feinarbeit. Da eine gute Soße extrem reduziert ist, treten alle Inhaltsstoffe prägnant hervor. Säure, Schärfe, Würze – das perfekt abzuschmecken, braucht viel Erfahrung und Geduld. Um die Soße dann einzigartig zu veredeln, ist Fingerspitzengefühl und Kreativität gefragt.

In der Molekularküche haben Soßen kaum eine Rolle gespielt, keine Ahnung weshalb. Aber mich hat das gestört. Natürlich kann ich gut verstehen, wenn man zu Hause ein schönes Kabeljaufilet brät und statt einer aufwändig gekochten Soße etwas feines Olivenöl darüberträufelt. Das ist köstlich. Aber Hochküche ist für mich etwas Anderes – die Suche nach dem Besonderen. Auch nach dem, was man zu Hause nicht zubereitet, weil es eben zu kompliziert ist. Hochküche ist Kultur – wie große Oper. Hausmusik kann auch wunderbar sein, aber manchmal möchte man lieber Anne-Sophie Mutter Geige spielen hören. Deshalb beschäftige ich mich manchmal tagelang mit einer Soße, bis sie perfekt ist.

Doch zurück in unsere Küche auf der MS Europa. Nach den Vorbereitungen am Tag treffen wir uns mit dem Team wieder um 17 Uhr. So ist es immer und so ist es auch an diesem Tag, nachdem wir in Mumbai abgelegt haben. Ich entsinne mich daran so gut, weil dieser Abend mir ein besonderes, für mich sehr interessantes Erlebnis beschert hat. Eins, das mich erstaunt und in meiner Idee zu diesem Buch bestärkt hat. Weil es zeigt, wie viel sich in Deutschland in Sachen Genuss verändert hat.

Auf See beginnt das Essen immer recht früh – gegen 19 Uhr. Das hängt damit zusammen, dass viele Gäste später die Shows besuchen wollen. An diesem Abend war alles sehr entspannt, die Kalbsbäckchen waren zart, die Soße gelungen. Das Kalbsfilet haben wir zuerst sous-vide zubereitet. Das heißt, es wird in Klarsichtfolie und in Alufolie eingewickelt und im Wasserbad bei 70 Grad sanft gegart, bis die Kerntemperatur zirka 54 Grad beträgt. Vor dem Servieren braten wir das Filet in heißer, schäumender Butter mit Kräutern noch einmal an, so bekommt es zusätzlich einen kräftigen Bratgeschmack und wird außen noch einmal leicht knusprig. Davor hatte ich ein Champagnersorbet serviert, ein Klassiker in meinem Repertoire, ein Höhepunkt aus Lerbacher Zeiten. Ein Gericht, das 99 Prozent der Gäste lieben, weil es so frisch ist, so cremig und der Champagner, den wir darüber gießen, die Sinne so belebt.

An diesem Abend waren aber nicht die 99 Prozent zu Gast, sondern der klitzekleine Rest. Und zwar in Gestalt einer sehr elegant gekleideten Dame an einem größeren Tisch, die darum bat, mich sprechen zu dürfen. Das ist während eines Menüs ungewöhnlich, aber auf dem Schiff mache ich das. Die Frau trug ein dunkles Abendkleid, die Hände fein manikürt, dezenter, wertvoller Schmuck. Also, begann sie, das Essen sei bislang ja sehr gut, aber sie habe doch eine Frage: „Weshalb servieren Sie das Champagnersorbet vor dem Hauptgang?" „Tja", sagte ich, „Sorbets werden traditionell bei großen Menüs vor dem Hauptgang gereicht, weil sie so frisch sind und den Gaumen klären. Wir sind mit der MS Europa in sehr warmen Gebieten unterwegs, da ist ein Sorbet als Menüteiler angenehm."

„Aber doch nicht so ein Sorbet. Das ist sehr cremig. Sie haben da doch nicht etwa Butter verwendet?" Nach einer kurzen Kunstpause schickte sie hinterher: „Aber nicht, dass Sie mich falsch verstehen: Wenn ich hier etwas anzumerken habe, dann nur auf höchstem Niveau." „Doch", sagte ich. „Ich verwende dafür etwas Butter, weil sie dem Champagnersorbet, das sonst etwas wässrig wirken kann, einen besonderen Schmelz verleiht. Viele Gäste mögen das sehr gern. Aber natürlich können wir Ihnen gern ein Früchtesorbet servieren."
„Nein, das möchte ich nicht." Damit war das Gespräch beendet.

Mir hat diese Episode zu denken gegeben. Nicht, weil ich mich über diese Kritik ärgere. Es ist völlig okay, wenn Gäste Bescheid sagen, wenn sie nicht zufrieden sind, oder wenn sie Anmerkungen oder Wünsche haben. Das motiviert mich, noch akribischer zu arbeiten. Die Zufriedenheit der Gäste ist das Wichtigste – das mag banal klingen, aber genau so ist es. Meine Aufgabe ist es, den Gästen ein großartiges Esserlebnis zu bieten, toller Service inklusive. Gute Bewertungen sind eine Sache, aber sie nützen mir nichts, wenn mein Restaurant nicht ausgebucht ist.

Noch etwas gefällt mir an qualifizierter Kritik: Sie zeigt mir, wie intensiv meine Gäste sich mit den Gerichten auseinandersetzen und welche erstaunliche Fachkompetenz sie besitzen. Ich bin oft überrascht, welche Details sie wahrnehmen, aus welch großem kulinarischem Erfahrungsschatz sie schöpfen. Klar kann man über die Sorbet-Kritik diskutieren. In Fragen des Genusses gibt es kein richtig und kein falsch. Ich mag diesen Dogmatismus nicht. Natürlich gibt es genaue Kriterien wie ein Rinderfilet perfekt gebraten ist: Saignant, also blutig, englisch oder medium rare bedeutet etwa 48 Grad Kerntemperatur. Das kann man festlegen, genau wie die Konsistenz einer Mayonnaise. Aber das heißt noch lange nicht, dass alle das mögen müssen!

Anhand der kleinen Episode mit dem Champagnersorbet wurde mir klar, wie viel sich in Deutschland in Sachen Genuss getan hat. Sachkenntnis ist wichtig, um ein Gericht richtig schätzen zu können. Wer den Kaviar ungekaut herunterschluckt, dem entgeht der Spaß komplett. Wer sich Jakobsmuscheln gönnen will, sie aber zu lange brät, wird keine Freude haben – dann sind sie gummiartig und fest! Die Liste ließe sich beliebig fortsetzen. Es ist ja in allen Bereichen so: Je besser man sich auskennt, desto mehr kann man Leistungen würdigen. Und offenbar kennen sich viele Deutsche mittlerweile ziemlich gut mit Essen aus. Was für ein Unterschied zu früher: Deutschland hat genießen gelernt! Viele meiner Landsleute sind zu Gourmets geworden.

Es geht beim Essen in Deutschland heute nicht mehr nur um die Quantität, sondern – Gott sei Dank – immer mehr um die Qualität. Den Satz, der einst das größte Lob für einen Koch war – „dort gibt es große Portionen" –, habe ich lange nicht mehr gehört. Solche Sprüche waren früher Standard und ein großes Problem, als wir in den 1970er-Jahren mit der Sterneküche in Deutschland begonnen haben. Manche Leute waren geradezu entsetzt, dass so wenig auf dem Teller liegt! Sie hatten nicht verstanden, dass man im Fünf-Gang-Menü noch nicht nach den beiden Vorspeisen satt sein darf. Zudem war es früher wichtig, dass nachgelegt wurde. In gutbürgerlichen Restaurants kamen die Kellner gern mit einer zweiten Platte Fleisch und Spätzle an den Tisch. „Darf es noch etwas sein?" Das Soßenkännchen stand ohnehin die ganze Zeit auf dem Tisch. Die Älteren waren damals noch vom Mangel der Nachkriegsjahre geprägt. Das Gefühl eines wohligen Sattseins hatten viele verlernt, der Mangel hatte sich eingeprägt. Gegessen wurde bis der Bauch wehtat. Es gab damals diesen Spruch: „Satt kenne ich nicht: Entweder ich habe Hunger oder mir ist schlecht, weil ich so viel gegessen habe."

Ich erinnere mich noch gut, wie wir in Wertheim in den „Schweizer Stuben" gekocht haben und manche Gäste Nachschlag beim Fleisch orderten. In einer Küche, in der alles à la minute gemacht wird, ist das schwer. Von den Kosten einmal ganz abgesehen. Küche auf hohem Niveau ist ohnehin oft ein Zuschuss-Geschäft. Reich wird man mit einer Pizzeria. Wenn dann noch wegen Nachbestellungen mit doppeltem Materialeinsatz kalkuliert werden muss, dreht der Geschäftsführer durch!

Auch bei den Produkten hat sich in den vergangenen Jahren viel getan: Gewürze und Kräuter, die vor 30 Jahren in Deutschland noch völlig unbekannt waren, sind nun selbstverständlich geworden. Ingwer war früher in der Küche unbekannt, heute fehlt er in kaum einer Kürbissuppe. Im Winter gehört es zur normalen Grippevorbeugung, Ingwer-Tee zu trinken. In meiner Jugend kannte ich bestenfalls Ingwer-Kekse. Die kamen aus England und schmeckten scheußlich. Curry kam früher nur in der Currywurst vor, heute werden damit viele Geflügel- und Fischgerichte abgeschmeckt. Chili, Ras el-Hanout, Zitronengras, Koriander, selbst Basilikum war früher in Deutschland quasi unbekannt. Gewürzt wurde mit Salz und Pfeffer, Petersilie, Liebstöckel und Bohnenkraut. Ich weiß, ich übertreibe vielleicht ein bisschen. Aber mir fallen die Unterschiede zwischen 1970 und 2014 eben extrem auf. Und ehrlich gesagt: Ich freue mich wahnsinnig über diese Entwicklung. Ich hätte mir nie träumen lassen, dass sich Deutschland in Geschmacksfragen so weiterentwickelt.

Natürlich sind nicht alle Deutschen Feinschmecker oder – wie man heute sagt – Foodies. Wenn es nach mir ginge, sollten es noch viel mehr sein! Mir ist klar, dass weite Teile der Bevölkerung recht anspruchslos essen. Dass Tiefkühlkost, Fertig-Pizza und Fast-Food eine große Bedeutung haben und für viele Chicken Nuggets ein Festtags-Schmaus sind. Das ist die eine Seite der Medaille. Aber auch in Italien oder in Frankreich, zwei gastronomischen Leuchtturm-Ländern, interessieren sich nicht alle für richtig gutes Essen. Wobei, das muss man schon zugeben, die Alltags-Essenskultur in diesen Ländern höher ist als bei uns. Dort wird mehr mit frischen Produkten gekocht, das Angebot auf Märkten und in den Geschäften ist größer und oft besser als bei uns.

Ich bin kein großer Freund von Kochshows, Prominenten-Dinner und was es gerade sonst an TV-Formaten gibt. Aber eins fällt mir auf: Heute wird selbstverständlich auf eine internationale Produktpalette zurückgegriffen – wobei ich mich frage, ob Zitronengras wirklich in jede Suppe muss, nur damit ein Tester sie „raffiniert" findet. Doch es wird modern gekocht: tolles Handwerk, engagiert, mit Leidenschaft. Das finde ich wunderbar!

Ich war Teil des „deutschen Küchenwunders" in den 1970er- und 80er-Jahren, das dazu beigetragen hat, dass sich eine neue Genusskultur in Deutschland entwickeln konnte. Und ich habe – das darf ich ganz unbescheiden sagen – einen ordentlichen Anteil an dieser Entwicklung. Ich war mit einer der ersten Köche, die vom „Michelin", dem maßgeblichen Restaurant-Führer, und von anderen Fachpublikationen hoch bewertet wurde. Die Gourmets im Deutschland Anfang der 1970er-Jahre hatten nicht sehr viele Ziele: Fixpunkte waren unter anderem das „Tantris" von Eckart Witzigmann in München, das „Maître" von Henry Levy in Berlin und eben die „Schweizer Stuben" in

Wertheim, wo mein Bruder Jörg und ich gekocht haben. Zu den besten Köchen jener Zeit gehörte auch Jean-Claude Bourgueil, der in den „Walliser Stuben" in Düsseldorf zwei Sterne erkochte. Bourgueil, den ich sehr schätze und mit dem ich über die Jahre freundschaftlich verbunden bin, übernahm später das Restaurant „Im Schiffchen", das sehr lange mit drei Sternen ausgezeichnet war. Für mich gehört Jean-Claude Bourgueil zu den herausragenden Köchen der vergangenen Jahre, ungeachtet seines Streits mit dem Gault Millau über die – an bestimmte Bedingungen geknüpfte und sparsame – Verwendung des Geschmacksverstärkers Glutamat, zu der er sich freimütig bekannte und die kein Einzelfall in der Topgastronomie ist.

Etwas später folgten dann die „Traube Tonbach" in Baiersbronn mit Heiner Finkbeiner, mit dem mich – seit dem gemeinsamen Küchen- meister-Abschluss 1976 an der Hotelfachschule Heidelberg – eine lange Freundschaft verbindet und Harald Wohlfahrt, den ich persön- lich sehr schätze und der über Jahrzehnte auf allerhöchstem Niveau kocht, die „Traube" von Dieter Kaufmann in Grevenbroich, Helmut Thieltges mit seinem „Sonnora" sowie Heinz Winkler an seinen Wirkungsstätten. Auch Hermann Bareiss in Baiersbronn mit seinen exzellenten Chefköchen Manfred Schwarz und später Claus-Peter Lumpp wurde zu einem fixen Ziel für Gourmets.

Heute gibt es in Deutschland fast 300 Sterne-Restaurants, etwa elf mit der höchsten Auszeichnung, drei Sternen. Wenn ich an meine Anfänge als Koch in den 1960er-Jahren in Müllheim zurückdenke, erscheint mir das wie eine Science-Fiction-Geschichte, die ich selbst erlebt habe. In was für einer anderen Welt haben wir damals gelebt! Wie weit war der Weg, den wir gehen mussten, um zur feinen Küche zu gelangen. Doch ich erinnere mich gern an meine Lehre im „Hotel Bauer" in Müllheim. Es ist eine Zeitreise in die 1960er-Jahre. Zurück zu meinen Anfängen. Eine Reise durch die deutsche Kochgeschichte, die zeigt, wie Deutschland das Genießen lernte. Eine Reise, auf die ich Sie gern mitnehmen möchte.

KINDHEIT UND JUGEND

Ob es die Chefin im Hotel Bauer gut mit mir gemeint hat oder ob sie nur überprüfen wollte, ob ich fleißig und unerschrocken war, weiß ich nicht. Auf jeden Fall gab sie mir den Auftrag, Rotkraut zu kochen, gleich an einem der ersten Tage meiner Lehre. Für mich war das eine enorme Herausforderung, vor allem aus einem praktischen Grund: Ich hatte nach der 8. Klasse meine Schule abgeschlossen, deshalb war ich erst knapp 15 Jahre alt, als ich meine Lehre begonnen habe. Leider war ich noch nicht ausgewachsen. Um das Kraut im Topf umzurühren, musste ich mich deshalb auf einen Schemel stellen – Arbeitsschutz Fehlanzeige, Verbot von Kinderarbeit unbekannt. Die Tatsache, nicht einmal in die großen Töpfe schauen zu können, ist eindeutig ein Nach-teil, wenn man eine Kochlehre beginnt. Doch mein Vater ließ sich von solchen Details nicht aufhalten.

Aber wieso mein Vater? Ganz einfach. Er wollte, dass ich Koch werde. Ich weiß nicht mehr, ob er mich gefragt hat, was ich davon hielt. Wahrscheinlich nicht. Das spielt eigentlich auch keine Rolle, denn meine Meinung hätte ohnehin nicht gezählt. Eins stand fest: Abitur hätte er mich nie machen lassen, das stand nie zur Debatte. Mit meinen schulischen Leistungen und Möglichkeiten hatte das gar nichts zu tun. Wobei ich nicht sagen will, dass ich immer mit sehr guten Zensuren geglänzt hätte. Aber wir Kinder sollten alle etwas Handwerkliches lernen, etwas Praktisches. Die passenden Lehrstellen suchte mein Vater aus. Sein Standpunkt lautete: „Gegessen wird immer, in guten wie in schlechten Zeiten." Ganz falsch lag er damit ja nicht.

Für meinen älteren Bruder Jörg und mich hieß das, dass wir im Hotel Bauer in Müllheim, etwa 30 Kilometer südlich von Freiburg, unsere Ausbildung beginnen sollten. Das war weit weg von Staufenberg bei Baden-Baden, wo unsere Familie damals lebte. Heute sind das knapp zwei Autostunden, damals war es eine ordentliche Reise und viel zu weit, um sie am freien Tag zu unternehmen. Das bedeutete, dass wir im zarten Alter von 14 oder 15 Jahren von zu Hause weggingen, in die Obhut des Lehrmeisters. Nach Hause sind wir nur im Urlaub gefahren, das waren vielleicht vier Wochen im Jahr, nicht mehr.

Aber wieso überhaupt die Lehre in Müllheim? Ganz einfach: In der Nähe von Müllheim, in Auggen, bin ich 1948 geboren. Und wiederum nicht allzu weit davon entfernt, in Raich im Oberen Wiesental, also im Südschwarzwald, bin ich aufgewachsen, zusammen mit drei Brüdern und drei Schwestern – eine echte Großfamilie. Weil wir aus der Gegend stammen, hatte mein Vater gute Kontakte ins „Hotel Bauer". Er selbst war dort ein gern gesehener Gast. Als sehr kommunikativer Mann kannte er bald die Besitzer. So wurde kurzerhand beschlossen, dass wir unsere Lehre dort machen sollten. Kann aber auch gut sein, dass mein Vater bei der Wahl unserer Berufe ein wenig an sich gedacht hat, an seinen Vorteil, den er davon haben könnte, wenn drei seiner Söhne zum Koch ausgebildet würden.

Wie dem auch sei: Auf jeden Fall passte unsere Ausbildung perfekt zu seinen eigenen Plänen. Anfang der 1950er-Jahre hatte mein Vater die Idee gehabt, eine Pension zu eröffnen. Deshalb pachtete er in Raich ein außen mit Holz verkleidetes Haus mit großem Garten. Die Einrichtung war denkbar einfach: ein paar simple Holztische, schmucklose Stühle. Aber die Aussicht war grandios. Unser „Luginsland" lag oberhalb des Ortes mit direktem Blick auf den Belchen, den schönsten Berg im Schwarzwald. Drumherum Bauernhöfe, viel Wald, Wiesen, Obstbäume. Die Gegend war idyllisch, eine Postkartenlandschaft. Unser Garten war wie ein kleiner Zoo: Hühner, Gänse, Truthähne, ein Pfau, Schafe, Ziegen, Hasen und sogar ein Schwein. Richtige Haustiere, die man nur aus Spaß hält, waren das allerdings nicht: Bis auf den Pfau hatten alle einen genauen Zweck zu erfüllen: Eier legen, Milch geben oder zu gegebener Zeit in den Backofen wandern.

So schön Raich war, aus touristischer Sicht hatte der Ort einen schwerwiegenden Nachteil: Er lag ziemlich weit ab von den großen Besucherströmen, so weit es in den 1950er- und 60er-Jahren überhaupt welche gab. Weiterer Minuspunkt: Der Komfort bei uns im „Luginsland" war bescheiden. Mein Vater glaubte dennoch daran, viele Sommerfrischler anlocken zu können. Die objektiven Nachteile störten ihn nicht. Er war sehr willensstark und von seinen eigenen Vorstellungen überzeugt. Wenn er sich etwas in den Kopf gesetzt hatte, dann machte er das auch. Beziehungsweise ließ er es machen, darin war er groß. Mein Vater, ganz Patriarch alter Schule, prägte den wunderbaren Spruch: „Gott erhalte meine Gesundheit und die Arbeitskraft meiner Frau." Das Motto ließ sich auch auf die Arbeitskraft seiner Kinder erweitern.

Diese Devise sagt ziemlich viel über das Leben meiner Mutter aus. Sie hatte sieben Kinder zu erziehen und zu versorgen und die Pension zu führen: servieren, waschen, putzen. Ein Wahnsinn! Ihre Eltern hatten sich ihr Leben ganz anders vorgestellt, denn sie stammte aus guten, bürgerlichen Verhältnissen. Von der Ehe mit meinem Vater, der nur eine Schreinerlehre hatte, waren ihre Eltern deshalb nur mäßig angetan. Schließlich war der Vater meiner Mutter Landrat in Freiburg, er bekleidete also ein herausgehobenes öffentliches Amt. Meine Mutter hatte Abitur gemacht, damals war das eine Seltenheit bei Frauen. Nur aufgrund der schlimmen Verhältnisse während des Zweiten Weltkriegs konnte sie nicht studieren. Und dann wurde sie Mutter von sieben Kindern mit einer kleinen Pension im Südschwarzwald. Sozialer Aufstieg sieht anders aus.

Ob sie deshalb unglücklich war? Nein, das glaube ich nicht. Sie war eine sehr geradlinige Frau und hat die Verhältnisse so angenommen, wie sie waren. Da gab es kein Zögern. Für mich ist es eine unglaubliche Leistung, sieben Kinder groß zu ziehen. Unter so schwierigen Bedingungen und quasi im Alleingang. Sie war jedoch gern mit meinem Vater zusammen, der bei allen Alleingängen und bei aller Knorrigkeit ein gutmütiger, liebevoller und sehr unterhaltsamer Mann war. Langeweile kam mit ihm nie auf!

Mein Vater war ein Mann der Tat. Was ihm vorschwebte, das setzte er um. So war es auch mit seiner abenteuerlichen Gastronomie-Idee. Zeit seines Lebens war er absolut überzeugt davon, als Wirt gutes Geld verdienen zu können. Das „Luginsland" war erst der Beginn. Später pachtete er größere Betriebe und das sogar mit beachtlichem Erfolg.

Für diese Tatkraft habe ich ihn immer bewundert. Da meine Eltern gastronomische Betriebe führten, bedeutete Urlaub für mich im elterlichen Betrieb mitzuhelfen. Eine Woche kochte Jörg, während ich servierte, in der nächsten Woche tauschten wir die Rollen. Ich sagte ja bereits: Für meinen Vater war es nicht ganz unpraktisch, dass wir den Beruf des Kochs lernten.

In Raich hatten wir als eine der ersten Familien ein Fernsehgerät. Mein Vater betrachtete das als Investition in das Geschäft und spekulierte darauf, dass Gäste zu uns kommen würden, um fernzusehen. Und dabei würden sie essen und trinken, das Ganze wäre also ein Konjunkturprogramm für unser „Luginsland". Man könnte sagen, er hat die Idee des „TV-Dinners" weit vorweggenommen. Alles in Allem – und im Nachhinein zu meinem großen Erstaunen – funktionierte die Wirtshaus/Pensions-Idee einigermaßen gut. Dabei hatten wir nicht einmal jeden Tag geöffnet. Unser „Luginsland" war ein Gasthaus auf Abruf. Im Sommer hatten wir Hausgäste, die in unseren Kinderzimmern wohnten. Meine Geschwister und ich zogen dann in einen Schuppen neben dem Haus.

Mein Vater kochte für die Gäste und sorgte für die Unterhaltung. Er war wirklich sehr unterhaltsam, das war seine große Stärke. Er liebte es zu erzählen und war groß darin, gute Stimmung zu verbreiten. Mit den Gästen unternahm er Ausflüge in seinem wunderschönen Borgward Coupé. Mein Bruder Jörg hat sich vor etwa 30 Jahren genau so ein Modell gekauft und es kürzlich restaurieren lassen. Wieso mein Vater für seine Gästeausflüge einen so luxuriösen Wagen brauchte, weiß ich nicht. Borgward war damals ein tolle Marke, vergleichbar mit Mercedes, nur sportlicher und schöner. Wahrscheinlich hatte mein Vater einfach Spaß daran, und deshalb hat er den Wagen gekauft. Die Gäste hat er mit seiner „Isabella" bestimmt erfreut. Wie er sich das Fahrzeug allerdings leisten konnte, ist mir ein Rätsel, es war damals richtig teuer. Ohnehin hatten nur wenige Leute in den 1950er-Jahren ein Auto.

Irgendwie war mein Vater ein Lebenskünstler, der immer einen Weg fand. Meine Mutter sorgte für Ordnung und Struktur, er verwirklichte seine Ideen. Dazu gehörte es auch, eine Bienenzucht aufzubauen. In der Hochzeit dieser Phase hatte er, wenn ich mich richtig entsinne, 24 Völker. Die Bienen waren eine wichtige Einnahmequelle für unsere Familie. Wir besaßen einen Wanderwagen, mit dem wir die Völker an verschiedene Standorte brachten. So hatten wir alles im Angebot: Blütenhonig, Rapshonig, Waldhonig. Bei der Pflege der Bienen musste ich meinem Vater oft helfen, was ich nicht immer gerne tat. Ich sehe mich noch heute, wie ich fest eingemummelt mit den Bienen hantierte und höre dieses unglaublich laute, zischende Summen. Aber es gab auch angenehme Tätigkeiten: Honig schleudern beispielsweise. Wenn wir die Waben entdeckelt haben, durfte ich den Honig auslutschen. Das war herrlich.

Mit der Aufzucht von Meerschweinchen und Kanarienvögeln befasste sich mein Vater ebenfalls. In der letzten Disziplin war er Deutscher Meister und einmal sogar Weltmeister. Einen besonders wertvollen Vogel hat er einmal an das spanische Königshaus verkauft. Eine komische Vorstellung: die kleinen Piepmätze aus dem „Luginsland" im Madrider Königspalast. Mein Vater: Deutschlands bester Kanarienvogel-Züchter. Das muss man mit sieben Kindern erst einmal hinkriegen. Zum Leidwesen meiner Mutter forderten die Kanarienvögel aber viel Pflege und Zeit. Immerhin durften wir beim Training dabei sein. Manchmal dunkelte mein Vater die Voliere mit einem dicken Tuch ab. Ein paar Stunden später nahm er das Tuch weg und brachte die Vögel so in kleinen, übereinander gestapelten Käfigen in Viererformation zum Singen – die Tiere dachten, es sei früher Morgen und trällerten deshalb los. Während dieser Übungen mussten wir mucksmäuschenstill sein. Aber es war beeindruckend, wenn die Vögel im Chor sangen.

Im Vergleich zu den komplizierten Kanarienvögeln war unsere Meerschweinchenzucht simpel. Die kleinen Tiere verkaufte mein Vater weiter. Um unsere Hasen kümmerte ich mich. Die hatten allerdings kein sehr langes Leben: Eins der besten Gerichte meines Vaters war gefüllter Hase, ein wunderbarer Sonntagsbraten.

Wir Kinder haben zu Hause immer viel geholfen, das war keine Frage. Ich war oft beim Bauern im Einsatz, der seinen Hof neben unserem „Luginsland" hatte. Ich arbeitete im Stall mit, aber auch auf den Feldern. Dafür bekamen wir Milch, Brot, Speck, Obst und Kartoffeln. Aber der Lohn war mir eigentlich egal. Ich hatte Spaß an der Arbeit, ich mochte es, etwas zu tun. Ich mochte es, draußen zu sein. Das Beste war immer, wenn ich mit dem Bauern auf seinem Traktor unterwegs war und er mich ans Steuer ließ. Es war damals keine ängstliche Zeit, da war so etwas noch möglich. Obwohl ich damals erst zehn Jahre alt war, lenkte ich den Trecker auf dem Acker.

Als Kind habe ich auch bei einem Winzer ausgeholfen, bei Dörflinger in Müllheim, einem Betrieb, der heute noch sehr guten Wein macht, frischen Gutedel und feinen Spätburgunder. Meine Aufgabe als kleiner Bub bestand darin, in die großen Holzfässer zu krabbeln, um sie von innen zu reinigen. Die Fässer haben einen sehr kleinen Einstieg, Erwachsene, vor allem große, breite Männer haben Schwierigkeiten, sich da hinein zu winden. Als Belohnung für die Putzaktion im Fass bekam ich schon mal „Neuen Süßen", manchmal auch einen „Sauser", also einen Jungwein, der schon mit der Gärung begonnen hat. Der hatte gleich eine doppelte Wirkung: Zum einen spürte ich den Alkohol im Kopf, zum anderen die Hefen und Bakterien im Magen. Die Wirkung war durchschlagend und ist bis heute unvergessen!

Diesen Kontakt zu den Produkten – egal ob auf dem Bauernhof oder beim Winzer – habe ich schon als Kind sehr gemocht. Dieses Unmittelbare hat mir gefallen, der pure Geschmack. Zweimal in der Woche hat der benachbarte Bauer gebacken, der Duft und der Geschmack waren unvergleichlich. Diese knusprige Kruste, dazu ein Stück selbst gerührte Butter mit Salz. Das war damals perfekt und ist es bis heute. Oder ein Stück Schinkenspeck, der saftige Rauchgeschmack. Auf dem Schulweg sind wir an vielen Obstbäumen vorbeigekommen: da hingen Kirschen, Pflaumen und Äpfel. Natürlich haben wir zugegriffen und den Geschmack genossen. Oder im Herbst die vielen Pilze. Körbeweise haben wir Pfifferlinge, Steinpilze und Wiesenchampignons gesammelt, die meine Eltern dann verarbeiteten oder die wir verkauften. Und auch roh schmeckt so ein Steinpilz wunderbar, dünn aufgeschnitten, etwas Salz, Pfeffer, etwas Petersilie. Heute bereite ich Steinpilze gern mit etwas Olivenöl, Balsamico und dünn gehobeltem Parmesan zu.

Diese frühen Geschmackserlebnisse haben mich mehr beeinflusst als die Küche meiner Eltern. Obwohl das ein Klassiker ist: Viele Köche behaupten, die Küche der Eltern oder Großeltern hätte sie geprägt. Gerade bei den Kollegen meiner Generation habe ich da meine Zweifel. Bei uns zu Hause gab es jedenfalls nichts Raffiniertes, da standen vor allem Suppen auf dem Speisenplan. Höchstens der Sonntagsbraten meines Vaters ragte heraus. Aber wie hätte meine Mutter unter der Woche gastronomische Großtaten vollbringen sollen? Mit sieben Kindern und einem beschränkten Budget. Für uns war es ein Festessen, wenn es Dampfnudeln gab, dazu für jeden einen Bratapfel. Das Gericht mag ich übrigens heute noch sehr gern. Auch wenn die Küche meiner Mutter eher einfach war, sie war ehrlich und natürlich. Sie hatte etwas Unverfälschtes, klare Produkte, klare Aromen. Nichts Überflüssiges.

Besonders großartig an der Küche meiner Eltern fand ich jedoch, dass wir Kinder hin und wieder selbst backen und kochen durften. Das war eine Art Wettbewerb, an dem ich mit großer Begeisterung und viel Engagement teilnahm. Ich weiß noch, mit welchem Gericht ich bevorzugt angetreten bin: einem mit Kochschinken und Käse gefüllten, panierten Schweineschnitzel. In Frankreich wird oft Kalbfleisch verwendet, das Gericht heißt dann Cordon bleu. Wobei ich keine Ahnung habe, wie ich auf diesen Klassiker gekommen bin, wahrscheinlich hatte ich davon gelesen. Das recht komplizierte Gericht stand jedenfalls nicht auf dem Speiseplan meiner Mutter. Irgendwie ist es mir als Junge sogar gelungen, das Ganze zu verschließen, zu panieren und zu braten. Eine reife Leistung. Alle waren begeistert – meinen ersten Kochwettbewerb hatte ich gewonnen. Sogar damals habe ich schon an die Verfeinerung gedacht, mein Cordon bleu mit kleingeschnittenen Champignons und Petersilie gefüllt und so noch raffinierter gemacht.

Die meiste Zeit verbrachten wir Kinder draußen. Was hätten wir im Haus tun sollen? Ein paar Brettspiele, Karten, sonst gab es kein Spielzeug. Im Vergleich zu heute war es eine reizarme Zeit: kein Computer, kein Fernsehen (es war ausgeschlossen, dass wir Kinder den Apparat bedienen durften, zudem gab es ohnehin nur abends Programm), keine Gameboys, keine Handys. Es war eine andere Welt. Meine Mutter hielt gar nichts davon, wenn wir im Haus herumtobten – mein Vater noch viel weniger. Also bauten wir Baumhäuser, zogen durch die Wälder, spielten verstecken und fangen und sprangen Seil.

Im Sommer stauten wir mit Steinen einen Bach ganz in der Nähe. Dann hatten wir unser eigenes kleines und sehr kaltes Schwimmbad. Im Winter rodelten wir. Im Schwarzwald gab es reichlich Schnee. Die Fahrt vom „Luginsland" hinab nach Raich war spektakulär und lang, das dürften an die 100 Höhenmeter gewesen sein. Um etwas Spannung hineinzubringen, haben wir manchmal mehrere Schlitten zu einer Kolonne zusammengebunden. Klar, das war gefährlich, aber es hat einen Riesenspaß gemacht.

Alles in Allem war meine Kindheit eine unbeschwerte Zeit, ebenso schlicht wie schön. Das Leben spielte sich in einem kleinen Rahmen ab, es gab weder Versuchungen noch Ablenkungen. Dass wir die drei Kilometer in die Schule nach Ried jeden Tag zu Fuß gehen mussten, hat uns nicht gestört. Das war völlig normal und wurde nie in Frage gestellt. Genauso wenig der Umstand, dass wir in einer „Zwergenschule" unterrichtet wurden. Eine pädagogische Form, die heute undenkbar ist – wenngleich sie im Münstertal im Schwarzwald noch lange Zeit so praktiziert wurde. Ich weiß nicht, ob es diese Schule noch gibt, aber ich habe gelesen, dass die Schüler in Vergleichstests gute Ergebnisse erzielen, trotz der ungewohnten Art des Lernens. In der „Zwergenschule" wurden nämlich alle Schülerinnen und Schüler von Klasse eins bis Klasse acht in einem Raum unterrichtet, altersübergreifendes Lernen also. Bei uns bekam jeder seine Aufgaben, die er lösen musste. Gemeinsamen Unterricht kannten wir nicht. Jeder musste diszipliniert arbeiten und Rücksicht auf die Kleineren nehmen. Ich war in Ried ein guter Schüler, doch meine Schulzeit ist mit einer einschneidenden Veränderung verbunden, die mich bis heute begleitet. Meine damalige Lehrerin hat mich von links auf rechts umgestellt. Bis ich zur Schule kam, war ich ein Linkshänder, ich machte natürlicherweise alles mit links. Doch schreiben musste ich mit rechts. Das tue ich heute noch. Aber ich schneide mit links, auch Golf spiele ich mit der linken Hand, leider viel zu selten. Kommt ein Ball angeflogen, fange ich ihn mit rechts.

Als ich 13 Jahre alt war, zogen wir mit der Familie nach Staufenberg, in die Nähe von Baden-Baden. Mein Vater wollte den Betrieb vergrößern und pachtete das Gasthaus „Sonne". Ich fand es schrecklich, mein geliebtes Raich verlassen zu müssen. Und in der Schule wurde es auch nicht einfacher, denn auf einmal war ich in einer ganz normalen Klasse mit Gleichaltrigen. Die hatten etwas mehr gelernt als ich. Die Folge: Aus meinen guten Noten wurden auf einmal Dreien und Vieren. Aber ich war ehrgeizig und wollte mir keine Hiebe mit dem Rohrstock auf die Innenfläche der Hand abholen. Die gab es nämlich für die, die falsch rechneten. Ich hatte Glück und bekam nie etwas ab. Die Schläge müssen höllisch wehgetan haben – das schließe ich zumindest aus den Reaktionen meiner damaligen Mitschüler. Ich habe also fleißig gelernt und meine Zensuren wieder verbessert. Das hat mir Spaß gemacht, ich wollte ein guter Schüler sein.

In Staufenberg habe ich auch meinen Schulabschluss gemacht, nach der 8. Klasse. Ich darf gar nicht daran denken: Heutzutage wäre das weniger als ein Hauptschulabschluss. Und selbst damit haben die Jugendlichen heute kaum eine Aussicht auf eine Lehrstelle. Doch Schulabschluss hin oder her: Ich hatte meine Lehrstelle im Hotel Bauer in Müllheim ja bereits sicher.

DIE LEHRZEIT IM HOTEL BAUER

Dort stand ich nun vor der Aufgabe, den bereits erwähnten, aus meiner Sicht riesigen Topf Rotkohl zu kochen. Es war meine erste echte Prüfung in der Arbeitswelt. Aber ich wollte sie unbedingt bestehen. Ich schnippelte stundenlang Kohl, schnitt Zwiebeln in kleine Würfel, die ich in Schmalz andünstete, dann kamen Kraut und Rotwein dazu, Salz, Pfeffer und etwas Apfelsaft, anschließend ein Beutel mit Gewürzen wie Nelken, Zimt, Lorbeerblatt und Pimentpfeffer. Noch heute fehlt der Gewürzbeutel nie, wenn ich Rotkraut koche. Ich gab mein Bestes. Danach kam die Chefin zu mir und sagte: „Dieter, das Kraut schmeckt heute aber ganz besonders gut!" Wie stolz ich auf dieses erste Lob als Lehrling war. Wie sehr es mich motiviert hat, mich weiter anzustrengen.

Im Nachhinein könnte man sagen: Dieses Rotkraut hat mich gerettet. Es war die erste Arbeit im Hotel Bauer, die mir Spaß gemacht hat. Begonnen hatte meine Lehrzeit scheußlich, das kann ich nicht anders sagen. „Hier sind Fische, nimm die aus und schneide die Filets raus", sagte ein Geselle. Ich weiß nicht mehr, was für Fische das waren, aber ich hatte den ganzen ersten Tag mit den glitschigen, kleinen Dingern zu tun. Ich weiß noch, welche Gedanken sich während der Arbeit in meinem jungen Kopf verdichteten: „Ich will hier wieder weg – und zwar ganz schnell. Ich will wieder nach Hause." Aber daran war gar nicht zu denken. Unvorstellbar, was mein Vater gesagt hätte. Also musste ich mich durchkämpfen und durch das tiefe Tal der ersten Arbeiten eines Kochlehrlings gehen: Zwiebeln schneiden, Kartoffeln schälen und ganz viel abwaschen. Aber keine pflegeleichten Edelstahl-Töpfe, wie wir sie heute kennen, sondern schweres, grobes Schwarzgeschirr für den Kohlenherd, der eine enorme Hitze abstrahlte, natürlich auch im Sommer. Koch ist nicht immer ein feinmotorischer Beruf, bei dem es um Kreativität, Präzision und Geschmack geht. Es ist richtig schwere Arbeit. Ich lernte das bereits in den ersten Tagen meiner Lehrzeit.

Die Arbeitstage im Hotel Bauer waren lang, sehr lang. Arbeitsbeginn war morgens um 8 Uhr, bis 15 Uhr ging die Morgenschicht, unterbrochen vom Mittagessen, das es gegen 11.30 Uhr gab. Dann hatten wir zwei Stunden Pause, bevor es um 17 Uhr weiterging, oft bis 23 Uhr. Wenn das Lokal am Wochenende voll war, konnte es noch länger gehen. Wie gesagt: Damals gab es keinen Arbeitsschutz, der mich als Fünfzehnjährigen vor langen Arbeitszeiten geschützt hätte. Ich musste richtig ran. Da nahm keiner Rücksicht. Eins kann ich auf jeden Fall sagen: In dieser Lehre habe ich richtig arbeiten gelernt. Im Endeffekt war das sogar gut, denn als Koch hat man immer lange Arbeitszeiten. Daran hat sich bis heute nichts geändert. Genauso wenig wie an der Tatsache, dass man immer dann arbeitet, wenn die anderen frei haben – an Wochenenden, abends, an Feiertagen. Wenn man in dem Beruf etwas erreichen will, sind 12- bis 14-Stunden-Tage normal, oft sechsmal die Woche. Ich wurde früh daran gewöhnt.

In den „Schweizer Stuben" in Wertheim, wo mein Bruder Jörg und ich später zwei Michelin-Sterne erkochen sollten, hatte unser Lokal nur im Januar geschlossen. Das war die einzige Zeit, in der ich Urlaub nehmen konnte. Mehr als etwas Skilaufen war nicht drin. Manchmal sind wir, als die Kinder noch klein waren und noch nicht zur Schule gingen, auf die Kanarischen Inseln geflogen. Doch oft mussten in dieser Zeit organisatorische Dinge erledigt werden. Nach ein paar Jahren in Wertheim hatte ich einen Urlaubsüberschuss von mehreren Monaten angehäuft – verrückt, wie viel ich da gearbeitet habe. Aber es machte mir Spaß, es war keine Belastung. Ich ging jeden Morgen gern in die Küche – und das ist immer noch so. Möglich war es aber nur, weil mir meine Frau Birgit komplett den Rücken frei hielt: Kinder, Haus, Garten, Hund – sie hat sich um alles gekümmert. Ohne sie hätte ich nie das erreichen können, was ich erreicht habe.

In den 1960er-Jahren gab es in Deutschland noch keine Küchenkultur im Sinne von Verfeinerung oder Raffinesse. Das Essen war geprägt von der Überwindung des Mangels, der während und nach dem Zweiten Weltkrieg geherrscht hatte. In den meisten gehobenen Lokalen – und dazu gehörte das Hotel Bauer – gab es das, was man als „gutbürgerliche Küche" bezeichnet. Bei uns ergänzt und verbessert durch viele badische Spezialitäten. Die badische Küche hat in Deutschland immer eine Sonderstellung eingenommen, bis heute ist das so geblieben.

Das liegt zum einen daran, dass die Region klimatisch einfach bevorzugt ist. Ganz im Südwesten Deutschlands wachsen nicht nur Äpfel und Birnen, sondern auch Pfirsiche und Trauben, die Zwetschgen sind köstlich, die Beeren ebenso. Dazu gibt es tolles Gemüse, Tomaten werden hier reif, die Kräuter bekommen ein tolles Aroma, weil es im Sommer richtig heiß wird. Dazu gibt es in den Wäldern Pfifferlinge und Steinpilze, auf den Wiesen wachsen Champignons. Das Angebot an guter Ware ist sehr groß. Generell gilt: In Gegenden, in denen Wein angebaut wird, ist auch die Küchenkultur hoch entwickelt. Das eine hängt mit dem anderen zusammen.

Zum anderen ist die Nähe zu Frankreich wichtig, dem Mutterland der Hochküche. Der französische Adel war über Jahrhunderte stilprägend in der Welt, zumindest bis Ende des 18. Jahrhunderts, danach hat die Französische Revolution viel verändert. Um sich klar zu machen, welche Rolle Frankreich damals spielte, muss man sich vor Augen halten, dass der Preußenkönig Friedrich der Große weitaus besser Französisch als Deutsch sprach.

In Frankreich wurde eine höfische Kultur entwickelt, zu der nicht nur die Etikette, sondern auch Genüsse aller Art gehörten – eben gutes Essen und Trinken. Die Rolle der französischen Genusskultur lässt sich auch daran erkennen, dass Bordeaux früher der zentrale Handelsplatz für Wein war. Die Weine aus der Region waren weltweit geschätzt und wurden im 18. Jahrhundert in die weite Welt verschifft – auch amerikanische Präsidenten ließen sich ihren Bordeaux liefern. Thomas Jefferson, der maßgeblich an der amerikanischen Unabhängigkeitserklärung mitgearbeitet hat und später Präsident der USA wurde, beschäftigte sich in seiner Zeit als US-Botschafter in Bordeaux besonders intensiv mit dem Wein, dem Claret, wie die Amerikaner sagen. Die Franzosen haben über Jahrhunderte nicht nur den besten Wein gekeltert, sie haben auch den Champagner erfunden.

Von dieser großen Genusskultur in Frankreich hat das benachbarte Baden profitiert. Der Spaß am guten Essen hat die Landesgrenzen überwunden, genau wie es Badener und Franzosen immer wieder getan haben. Zudem darf man nicht vergessen, dass Baden eine Zeit lang zum Reich der Habsburger gehörte, also zu Österreich, ebenfalls ein Land mit einer großen Küchentradition. Kurzum: Die Geschichte der Badener mag manchmal etwas verworren sein, aber die vielen Einflüsse hatten ihr Gutes – auf den Geschmack haben sie sich jedenfalls positiv ausgewirkt.

Während meiner Lehrzeit im Hotel Bauer arbeitete dort ein junger Mann als Küchenchef, der Linsenbold hieß und mit der Tochter des Hauses verheiratet war. Er war tüchtig, aber der Arbeit und dem Druck nicht immer gewachsen. Gerade am Wochenende gab es wirklich viel zu tun und die Küche war nicht besonders üppig mit Personal besetzt. Vor allem wir Lehrlinge sollten es richten, eine abenteuerliche Konstellation. Für mich war das aber gar nicht schlecht, denn ich konnte schon bald in Eigenverantwortung arbeiten. Das gefiel mir. Bereits nach einem Jahr übernahm ich Verantwortung für eine Posten, mit 15! Zuerst war ich für die kalte Küche zuständig und habe vor allem Vesperplatten gerichtet. Es gab Schwarzwälder Schinken, Blut- und Leberwurst, geräuchertes Forellenfilet und Wurstsalat. Ich bereitete Salate zu, im Winter köstlichen „Sunnewirbele", auf Hochdeutsch Feldsalat. Später durfte ich mich als Azubi um die warme Küche kümmern. Ich briet nicht nur, sondern bereitete auch die Soßen zu. Wir haben sie im „Bauer" sorgfältig gekocht – Fertigmischungen gab es bei uns nicht.

Herr Linsenbold war sicher kein begnadeter Koch, aber ich habe viel von ihm gelernt, was mir später geholfen hat. Er hat mir viele Grundtechniken beigebracht: Soßenfonds ansetzen, Fleisch braten, Gemüse zubereiten. Das klingt vielleicht banal, ist es aber nicht. Auch Köche, die ganz hoch hinaus wollen und vor allem ihre Kreativität ausleben möchten, indem sie verschiedene exotische Gewürze kombinieren, müssen die Grundtechniken perfekt beherrschen. Das ist das Handwerkszeug, ohne das es nicht geht.

Zu dieser Grundausbildung gehören für mich auch Aspekte wie Messerpflege und Schneidetechnik. Wenn ich sehe, wie manch ein Fernsehkoch spricht und gleichzeitig schneidet, wundere ich mich, dass es bei den Shows nicht zu Verletzungen kommt. Da war die Ausbildung des guten Linsenbold doch Gold wert. Herr Linsenbold hat mir auch gezeigt, wie man ein ganzes Tier zerlegt und verwertet. Aus einem Filet kann jeder ein tolles Gericht kochen, das ist keine Kunst. Aber Restaurants müssen wirtschaftlich denken, da darf nichts verkommen. In der Tat kann man alle Stücke wunderbar verwerten, als Tartar, als Braten, als Gulasch- oder als Suppenfleisch. Die Brühe, die entsteht, wenn man beim Auskochen die Knochen dazutut, ist ein reiner Genuss. Ich finde es wichtig, stets etwas gute Brühe im Kühlschrank zu haben. Damit kann ich eine Soße etwas verlängern oder schnell eine Suppe kochen.

Heute notieren sich Kochlehrlinge und Gesellen ganz genau, welche Gerichte und Menüs ihre Chefs kochen und vor allem, wie sie dies tun. Viele fotografieren auch alles. Wenn sie dann das Restaurant wechseln, was man als junger Koch häufig tut, haben sie einen großen Fundus an Rezepten im Gepäck. Das ist sehr praktisch. Ich habe das damals nicht gemacht. Wahrscheinlich, weil mich keiner auf die Idee gebracht hat. Aber das war nicht schlimm, richtig spektakuläre Erkenntnisse hätte ich aus dem Hotel Bauer nicht entführen können.

Gekocht haben wir in Müllheim viele badische Klassiker wie Ochsenmaulsalat, Wurstsalat, Kalbskutteln und Schäufele mit Kartoffelsalat. Aber es gab auch Gulasch, Hühnerfrikassee, Rehkeule mit Pfifferlingen und Spätzle.

Zur Jagdsaison standen viele Wildgerichte auf der Speisekarte, samstags gab es immer Siedfleisch, Bouillonkartoffeln und Meerrettichsoße. Im Frühsommer bekamen wir von den Landwirten aus der Region Spargel, den wir in verschiedenen Variationen zubereiteten, meistens ganz klassisch mit einer Sauce Hollandaise, die wir selbst mit Eigelb und geklärter Butter anrührten. Für Kalorienbewusste ist das keine geeignete Soße, aber sie schmeckt wunderbar. Wir verarbeiteten viel frisches Gemüse, das wir zu großen Teilen direkt vom Bauern bekamen. Zum Nachtisch gab es im Sommer Eis mit Früchten und selbstgebackenen Obstkuchen, klassische „Weihen" mit einem leichten Guss aus Eiern und Rahm. In der Schweiz sind diese Kuchen sehr beliebt – und von dort ist es ins Markgräflerland nicht weit. Im Winter haben wir Cremes zubereitet und weiter gebacken, gern auch mal eine richtig schöne Torte. Das alles war bodenständig, aber auch sehr gut.

Im Sommer und im Herbst kochten wir unsere eigenen Marmeladen. Da wurden wir Lehrlinge losgeschickt, um Früchte aufzusammeln. In Baden gab es damals noch sehr viele Streuobstwiesen, viel mehr als heute. Darauf standen Dutzende, Hunderte von Apfel- und Zwetschgenbäumen. Wir zogen los, um die Früchte einzusammeln, die auf den Boden gefallen waren. Sie waren oft überreif und sehr süß. Für Marmelade war das gut. Vor allem in einigen Zwetschgen hatten die Würmer es sich schon gemütlich gemacht. Das hinderte uns aber nicht daran, diese Früchte zu verarbeiten. Beim Kochen schwammen die Würmer oben und wir schöpften sie mit der Schaumkelle einfach ab. Der reinen Lehre entspricht das nicht, aber es war eine sehr günstige Art, Marmelade zu kochen. Dennoch muss ich sagen: Seit dieser Geschichte esse ich am liebsten Marmelade, die ich selbst gekocht habe. Manche Dinge, es mögen Kleinigkeiten sein, prägen eben sehr.

Auf noch etwas ist mir im Laufe meiner Kochlaufbahn nach einem unangenehmen Erlebnis der Appetit vergangen: Muskatnuss. Eigentlich ein schönes Gewürz für Kartoffelpüree oder Eierspeisen. Ein Eierstich mit Muskatnuss, wunderbar. Aber seit ich einmal leicht säuerlich riechende Spätzle mit Muskatnuss bestreuen musste, habe ich gegen das Gewürz eine tiefe Abneigung. „Die Spätzle riechen nicht mehr gut", habe ich als Lehrling zu meinem Chef gesagt. Ich dachte, damit erwiese ich ihm einen Gefallen. Denn es konnte ja nicht in seinem Sinn sein, wenn wir Beilagen servierten, die nicht mehr gut waren. Ein Irrtum. „Halts Maul", schnauzte er mich an. „Gib ordentlich Muskatnuss ran, dann merkt das niemand."

Diese Art von Pfusch in der Küche ist mir zuwider. Das fand ich als
junger Koch furchtbar, und bis heute hat sich daran nichts geändert.
Die Gäste kommen zu uns, um gut zu essen, zu genießen. Das muss
ein Restaurant bieten, ganz egal ob einfache Wirtschaft oder Sterne-Lokal. Das ist das Versprechen, das wir unseren Gästen geben. Nur
wer das als Gastronom einhält, wird erfolgreich sein.

Da meine Familie während meiner Lehrzeit in Staufenberg lebte und
dort das Restaurant „Sonne" betrieb, konnte ich an meinem freien
Tag, meistens ein Montag, nicht nach Hause fahren. Es war einfach zu
weit. Aber meine Großeltern mütterlicherseits lebten in Freiburg, also
fuhr ich zu ihnen – das war herrlich. Seit ich ein kleiner Junge war,
hatte sich meine Großmutter intensiv um mich gekümmert. Ich war
immer sehr gern bei ihr und mit ihr zusammen.

Wie ich bereits erwähnt habe, war mein Großvater Landrat. Meine
Großeltern lebten in einer schönen, großen Wohnung in einer guten
Freiburger Gegend, ich glaube in Herdern. Meine Großmutter hat
während meiner Lehrzeit nicht nur meine Wäsche gewaschen und
mich mit einem kleinen Taschengeld unterstützt, sie kochte auch
wunderbar, aber nur vegetarisch. Aus gesundheitlichen Gründen hatte
sie aufgehört, Fleisch zu essen. Bio-Gemüse gab es damals noch nicht,
doch „Reformhäuser" boten Öko-Waren an. Dort kaufte meine Großmutter ihr Gemüse. Als ganz junger Koch war ich überrascht, wie
anders, wie ungezähmt das aussah und vor allem, wie intensiv es
schmeckte.

Meine Großmutter achtete sehr auf meine Manieren. Als junger
Bursche, auf mich allein gestellt, hatte ich auf diesem Gebiet einigen
Nachholbedarf. Staufenberg mit dem strengen Vater war weit weg.
Aber bei meinen Großeltern wurde ich immer ermahnt, gerade zu
sitzen. Ellbogen angewinkelt, Gabel links, mit vollem Mund nicht
sprechen. Die Großeltern waren streng und genau. Heute bin ich froh,
dass sie mir diese Verhaltensregeln mit auf den Lebensweg gegeben

haben. Wenn man weiß, wie man sich benehmen muss, ist manches im Leben viel einfacher.

Anfangs war es schwierig von Müllheim nach Freiburg zu kommen. Ich war auf die Züge angewiesen, die nicht sehr häufig fuhren. Viel lieber wollte ich Moped fahren, genau wie mein Zimmergenosse Roland Hechler. Seine Eltern hatten eine gutgehende Wirtschaft, die „Krone" in Weil am Rhein. Sie konnten es sich leisten, ihren Sohn finanziell zu unterstützen. Roland war sehr von sich überzeugt und der Meinung, der beste Koch von uns allen zu werden. Ich war bescheidener, aber ehrgeiziger. Da ich oft einer der Kleinsten war, wollte ich durch meine Arbeit Größe zeigen. Ich hatte das Glück, dass diese Strategie in meinem Leben aufging.

Von meinem kargen Lehrlingsgehalt, im ersten Lehrjahr etwa 30 DM pro Monat, konnte ich natürlich kein Moped finanzieren. Also brauchte ich eine zusätzliche Einnahmequelle. Die Chance bot sich im zweiten Lehrjahr. Mein Bruder Jörg, der eineinhalb Jahre älter ist als ich, hatte gerade ausgelernt und verließ das „Bauer". Als Abschiedsgeschenk vermachte er mir seinen kleinen Nebenjob als Schuhputzer. Damit hatte es Folgendes auf sich: Damals war es auch in Mittelklasse-Hotels wie dem „Bauer" üblich, dass über Nacht die Schuhe der Hausgäste geputzt wurden. Diese Aufgabe hatte mein Bruder und sie wurde fürstlich bezahlt – zumindest im Vergleich zu unserem üblichen Lehrlingsgehalt. 80 bis 100 DM bekam Jörg im Monat für seinen Schuhputzservice. Die Sache hatte natürlich einen Haken: Die Schuhe mussten nachts geputzt werden, nachdem die Gäste sie abends vor die Tür gestellt hatten und ehe sie sie morgens wieder anziehen wollten. Das bedeutete, dass ich erst nach meiner Arbeit in der Küche mit dem Putzen der Schuhe begann, oft an die 20 Paar, manchmal mehr. Das Hotel Bauer hatte etwa 30 Zimmer, da kam einiges zusammen. Wenn ich spätabends zu müde war, habe ich mir den Wecker auf vier Uhr gestellt und dann Schuhe gesäubert, Creme aufgetragen und poliert. Alles ganz ordentlich. Spätestens ab sechs Uhr mussten alle Schuhe frisch gewienert vor den Türen stehen, manch ein Gast wollte frühmorgens aufbrechen.

Die Strapazen, die mit dem Putzjob verbunden waren, störten mich nicht. Natürlich war ich manchmal müde, aber dann habe ich mich eben in meiner Mittagspause hingelegt und eine Stunde geschlafen. Meinen Lehrherren beunruhigte es nicht, dass ich als Sechzehnjähriger nicht nur tagsüber zwölf oder vierzehn Stunden arbeitete, sondern auch noch eine Nachtschicht einlegte, meine Eltern genauso wenig. Ich weiß gar nicht, ob sie davon wussten. In diesem Fall fanden sie es sicher gut, dass ich lernte, viel und ordentlich zu arbeiten. Denn wer arbeiten konnte, kam besser durchs Leben. So einfach war das, und so einfach ist es immer noch.

Für mich ist es in der Rückschau interessant, wie sehr sich all das verändert hat. Vor einigen Jahren gab es die Auflage, dass der damals 17 Jahre alte Fußballprofi Julian Draxler von Schalke 04 bei einem Champions-League-Achtelfinalspiel nicht nach 23 Uhr auf dem Platz stehen durfte – Verstoß gegen den Jugendschutz! Strafandrohung! Im Falle einer Verlängerung sollte er ausgewechselt werden! Bei einem Fußballspiel! Für mich ist das nicht nachvollziehbar, das widerspricht dem gesunden Menschenverstand. Bäcker sind mittlerweile in der schwierigen Lage, dass sie Lehrlinge unter 18 Jahren erst ab sechs Uhr morgens beschäftigen dürfen. Schade nur, dass die meisten Brötchen dann schon fertig sind. Im „Bauer" gab es in den 1960er-Jahren derlei Bedenken nicht, ich durfte nachts Schuhe putzen und mir mein Moped verdienen – zum Glück!

Wie war ich stolz auf mein 50-Kubikzentimeter-Honda-Moped, die kleine Knatterkiste. Damit sie schnittiger aussah, hatte ich einen kleinen Stummellenker montiert, sodass ich immer extrem nach vorne gebeugt sitzen musste. Das war äußerst unbequem, hat aber bestimmt fünf Stundenkilometer mehr gebracht. Vornüber auf dem Moped liegend bin ich nach Freiburg gebrettert oder mit Kollegen auf Märkte ins nahegelegene Elsass. Wettrennen waren sehr beliebt!

Im Hotel Bauer habe ich nicht nur gearbeitet, sondern auch gewohnt. Wir Lehrlinge hatten ein Gemeinschaftszimmer, in dem wir zu viert lebten. Jeder hatte ein Bett und einen Spind, einfachstes Leben, direkt an der Bahn. Nachts haben wir manchmal 17 und 4 gespielt oder Poker, was man so macht. Im Radio hörten wir Sender, in denen Musik von den Beatles und den Rolling Stones lief. Ich war immer ein großer Stones-Fan und ließ mir die Haare etwas länger wachsen, na ja, ein bisschen wenigstens. In unserem Zimmer gab es neben dem Fenster einen Blitzableiter, an dem einer meiner Kollegen ab und zu herunterkletterte, um nachts auf Tour zu gehen. Ich war nie dabei. Ich war zu ehrgeizig, meine Energie zu verschwenden. Außerdem musste ich ja die Schuhe putzen! Ich schätze, die anderen Jungs hielten mich für einen Streber. Später wurde mir das ein paarmal gesagt. Gestört hat es mich nicht: Ja, ich wollte etwas lernen. Ja, mir hat das Kochen viel Spaß gemacht. Das war mir das Wichtigste.

Manchmal hat uns der Chef des „Bauer" zur Spätvorstellung ins Kino gebracht – und auch wieder abgeholt. Damit wir bloß keine Dummheiten machten. Dabei spielten Mädchen für mich noch keine große Rolle. Meine älteren Kollegen hingegen wollten bei den jungen Frauen Eindruck schinden, witzig und cool sein. Dazu gehörte natürlich rauchen. Einmal habe ich mir auch eine Zigarette angesteckt und todesmutig inhaliert. Oh Gott, wurde mir übel. Es war die erste und einzige Zigarette meines Lebens. Ich war in der Lehre wirklich noch ein Bub.

Dennoch lief im Restaurant für mich alles gut. Meister Linsenbold war meist leicht überfordert und delegierte viel Arbeit an seine Azubis, vor allem an mich. Mir gefiel das. Er wusste, dass ich fleißig war und alle Arbeiten gewissenhaft ausführte. Im dritten Lehrjahr hatte ich es bereits zum Chef-Saucier gebracht. Das fand ich toll. Während meiner gesamten Karriere habe ich immer größten Wert auf gute Soßen gelegt. Sie markieren den Unterschied zwischen einem guten und einem sehr guten Gericht.

Neben der Arbeit in meinem Lehrbetrieb sammelte ich während der Ferien im Restaurant meiner Eltern weitere praktische Erfahrung. Mein Urlaub bestand darin, zu Hause im Betrieb mitzuhelfen. Gegen

Ende der Lehrzeit war ich deshalb schon ein ordentlicher Koch, der bereits den einen oder anderen Sturm in der Küche erlebt hatte und über erstaunlich viel Erfahrung verfügte. Auch in der Berufsschule – wir hatten in Villingen-Schwennigen immer sechs Wochen Blockunterricht – bekam ich gute Zensuren. Dennoch graute mir vor der Abschlussprüfung, vor allem vor dem schriftlichen Teil. „Das schaffe ich nie", dachte ich bei mir. Es war furchtbar. Entsprechend aufgeregt war ich vor dem Prüfungstag. Vor meinem inneren Auge sah ich mich durchrasseln. Ich weiß gar nicht wieso.

Zum Glück ist es anders gekommen. Von den 200 Prüflingen schafften drei die Note eins, einer war ich. In der praktischen Prüfung, die in Freiburg stattfand, schnitt ich als Bester ab. Damals habe ich mich wie ein echter Koch gefühlt, wie ein Großer. Wie ich da am Herd stand und unter Zeitdruck drei Gänge gekocht habe. Diese Aufregung, diese Spannung, ich habe es geliebt. Nur eins ist wirklich schade: Ich weiß nicht mehr, was ich damals gekocht habe. Nur an das Dessert erinnere ich mich: „Omelett surprise", ein typisches Gericht der 1960er-Jahre, ein warmer, schwerer Nachtisch. Aber irgendwie gelang er mir gut, ich vermute, ich habe das Omelett mit Früchten verfeinert. Nach dem tollen Ergebnis war ich unglaublich stolz. Ich glaube allerdings, meine Großmutter war sogar noch etwas stolzer auf ihren liebsten Enkel, den Dieter.

Die guten Zensuren bei der Abschlussprüfung hatten zur Folge, dass ich noch am gleichen Tag ein paar Stellenangebote von Freiburger Restaurants bekam, unter anderem vom „Colombi". Das war damals schon das erste Haus am Platz, aber noch nicht so fein und gut wie heute. Ich habe die Offerten alle abgelehnt und nicht einmal darüber nachgedacht, denn es stand schon fest, was ich nach der Lehre machen würde: „Du kommst für zwei Jahre zurück in den heimischen Betrieb", hatte mein Vater verfügt. Und ich, damals noch keine 18 Jahre alt, hatte gar keine andere Wahl – zumindest nicht als so folgsamer junger Mann, wie ich es war.

Dabei wollte ich eigentlich etwas Anderes machen: nach Frankreich gehen, um dort mehr von der legendären Küche zu lernen. In der

Schule hatten wir etwas Küchenfranzösisch gelernt. „Mis en place" (Vorbereitung), „à point" (auf den Punkt gebraten), „Entremetier" (Koch, der für Beilagen zuständig ist) – in der Küche werden viele französische Ausdrücke verwendet. Ich wusste, dass viele der verfeinerten Gerichte ihren Ursprung in Frankreich hatten. Allerdings war es in Deutschland oft unmöglich die entsprechenden Zutaten zu bekommen: Gänseleber, Austern, Trüffel, Schnecken, Froschschenkel – das gab es alles nicht.

Mein Wunsch war, von den großen Vorbildern viel mehr zu lernen als nur ein paar Vokabeln. Das Elsass hätte mir als Reise- und Studienziel schon gereicht. Es musste nicht Paris oder Lyon sein. Doch damals war es alles andere als leicht, in Frankreich zu arbeiten, und das hatte gar nichts mit meinem Vater zu tun, der Auslandsaufenthalte für Unfug hielt. Es war vielmehr so, dass die Deutschen gut 20 Jahre nach dem Ende des Zweiten Weltkriegs in Frankreich oft skeptisch betrachtet wurden, um es vorsichtig auszudrücken. Gerade im Elsass gab es viele Vorbehalte gegen die Nachbarn. Das war und ist bis heute verständlich, schließlich mussten sehr viele zwangsverpflichtete Elsässer nach der Besetzung durch Hitler-Deutschland 1940 im Feldgrau der Wehrmacht kämpfen. Insgesamt wurden etwa 100.000 Elsässer in die deutsche Armee eingezogen, weil sie als „Volksdeutsche" galten. Weit mehr als ein Drittel von ihnen starb. Ein bitteres Kapitel der Geschichte. Viele Elsässer haben so Verwandte, Freunde oder Bekannte verloren, die für Deutschland kämpfen mussten, viele an der Ostfront. In Russland – in Tambow – gibt es heute noch eine Gedenkstätte. Etwa 2000 bis 3000 der „malgré nous" („wider unseren Willen"), so werden die Zwangseingezogenen genannt, sind dort nach dem Krieg in einem Gefangenenlager, in dem sie die gleichen Bedingungen wie deutsche Soldaten erleiden mussten, gestorben. Tambow ist bis heute eine wichtige Gedenkstätte für die Elsässer. In den 1960er-Jahren waren diese Schicksale noch viel präsenter als heute. Mein Wunsch, das Kochhandwerk in Frankreich zu verfeinern, blieb deshalb unerfüllt. Und sollte es immer bleiben.

KURZES HEIMSPIEL UND KASERNENKÜCHE

Stattdessen ging ich zurück zu meinen Eltern, die mittlerweile die „Post" in Reichenbach bei Esslingen führten. Dort wartete zwar keine große Inspiration auf mich, aber die gute alte Küchenpraxis. Und, endlich konnte ich mehr Fußball spielen. Fußball war und ist eine große Leidenschaft von mir, vielleicht nach dem Kochen die zweitgrößte. Noch heute schaue ich begeistert Fußballspiele, am liebsten live im Stadion. Bereits als Kind und Jugendlicher liebte ich es, zu kicken. Einer meiner Lehrer in Staufenberg hatte einmal in der obersten Liga Fußball gespielt. Was war das ein Spaß, mit ihm zu trainieren! Während meiner Lehre blieb hingegen kaum Zeit zum Spielen. Und auch nach der Ausbildung durfte ich nicht ernsthaft im Verein Spielen. „Am Sonntag", sagte mein Vater, „wird nicht Fußball gespielt. Am Sonntag wird gekocht!"

Aber nun hatte ich während der Woche für den Sport Zeit und genoss es sehr. Es gibt nur ganz wenige Dinge, die ich in meinem Leben bedauere. Richtig ernsthaft wohl nur eins: Dass ich später nicht mehr Fußball spielen durfte oder konnte. Ich bilde mir ein, ein gewisses Talent gehabt zu haben. Trainer, die mich spielen sahen, haben es mir bestätigt, und meine Begeisterung und mein Ehrgeiz waren ohnehin riesengroß. Aber es war nicht möglich, dieses Talent auszuleben oder gar auszubilden. Als ich später in Wertheim arbeitete, hatten wir Köche eine Fußballmannschaft. Wir haben zusammen trainiert und ernsthaft gegen die Kollegen aus anderen Restaurants gespielt. Oft auch zu ernsthaft, denn immer wieder verletzten sich Spieler, manche schwer. Bei einigen Kollegen waren Wille und Ehrgeiz weiter entwickelt als die Fitness. Dabei ist so ein Kreuzbandriss für einen Koch, der bei seiner Arbeit immer steht, eine absolute Katastrophe.

Als ich 18 Jahre alt geworden war, hätte ich eigentlich zur Bundeswehr einrücken müssen, doch mein Vater konnte das erst einmal verhindern. Er ließ mich zweimal zurückstellen, indem er vorbrachte, dass ich für den elterlichen Gastronomiebetrieb unverzichtbar wäre. In gewisser Weise stimmte das sogar, denn schließlich lenkte ich die Geschicke in der Küche der „Post" zum großen Teil. Mein Vater stand zwar auch mit am Herd und er war, obwohl er den Beruf nie gelernt hatte, ein guter Koch. Doch ich versuchte, der Küche meinen Stempel aufzudrücken, wenngleich in der „Post" sehr bürgerlich gekocht wurde. Kulinarische Kapriolen waren nicht vorgesehen. Aber auch dabei habe ich immer versucht, die Gäste zu überraschen und die Gerichte zu verfeinern. Manchmal reichen dazu ein paar Kräuter. Ganz egal, ob Siedfleisch, Schäufele, Rouladen, Wurstsalat – mein Ehrgeiz als Koch war und ist es, jedes Gericht so gut wie möglich zuzubereiten. Das war in der „Post" so, und das war auch mein Ziel bei der Bundeswehr, wo ich schnell in der Küche landete, nachdem sich die Armee von meinem Vater nicht mehr vertrösten ließ.

Doch zuerst musste ich natürlich zur Grundausbildung: schießen lernen, mit Handgranaten werfen (das was das Schlimmste für mich), Märsche mit Gepäck. Nach einigen anstrengenden Wochen wurde ich ins Offizierskasino versetzt, worauf die schöne Zeit beim Bund begann. Ich bekochte die Offiziere, nebenbei konnte ich überdies meinen LKW-Führerschein machen – perfekt. Da ich in Esslingen stationiert war, konnte ich abends sogar im elterlichen Restaurant helfen. Meine Arbeitszeiten sahen so aus: Von 6 Uhr morgens bis 15 Uhr in der Kaserne, ab 18 Uhr im Einsatz zu Hause in Reichenbach im Hotel Post, gern bis 22 oder 23 Uhr.

Die Offiziere in meiner Kaserne waren nicht verwöhnt, und so kam meine neue Art des Kantinenessens bestens an. Ich versuchte, so viel wie möglich selbst zuzubereiten: Soßen, Brühen, Fonds, Kartoffelpüree, nichts kam mehr aus der Tüte. Aber genau das war bis dahin üblich gewesen: Maggi und Knorr regierten am Herd, selbst Suppen wurden aus Tüten angerührt. Dass die Spätzle nicht frisch geschabt waren, konnte ich ja noch verstehen, wobei mich auch da der Ehrgeiz packte. Wir mussten eben ein bisschen schneller schaben, dann konnten wir den Herren Offizieren auch handgemachte Spätzle bieten. Suppen wurden unter meiner Leitung ohnehin selbst gekocht, mit einer ordentlichen Brühe und mit Sahne verfeinert – mit den Wasser-suppen war es vorbei. Mich hat es geärgert, dass einigen Kollegen in der Bundeswehrküche vor allem daran gelegen war, sich eine gemütli-che Zeit zu machen – null Motivation! Ich konnte das überhaupt nicht verstehen. Es war ja klar, dass ich meine Zeit bei der Armee verbringen muss, deshalb wollte ich sie sinnvoll nutzen: ordentlich arbeiten, mich verbessern, lernen, wie man für viele Leute gut kocht. Das ist mir gelun-gen. Und noch etwas ist mir geblieben: Ich kann noch immer sehr gut und schnell Spätzle schaben. Das mache ich auch regelmäßig, weil es einfach ein großer Unterschied ist, ob die Teigwaren aus der Tüte kom-men, oder ob sie gepresst oder geschabt werden. Für mich als Genuss-mensch liegen Welten dazwischen.

Um keine Missverständnisse aufkommen zu lassen: Ich betrieb in der Kaserne keine verkappte Sterneküche. Aber der sorgfältige Umgang mit den Produkten und die Anwendung ordentlichen Handwerks war bei der Bundeswehr in Esslingen offenbar nicht gepflegt worden. Für mich war das natürlich prima. Ich musste gar keinen großen Aufwand betreiben – zumindest nicht nach meinen Maßstäben – und erhielt dennoch viel Lob sowie die ein oder andere Vergünstigung. Während andere Gefreite Autos putzen oder Waffen reinigen mussten, sagten die Offiziere zu mir: „Müller, du machst uns in der Zeit ein Vesper." Das war das kleinste Problem! Später hatte ich sogar eine fahrbare Küche, mit der ich ins Manöver mitfuhr, eine Feldküche deluxe. Mir lag kochen einfach viel mehr als schießen und vermeintliche Feinde bekriegen.

Beim Bund habe ich sogar meine erste offizielle Auszeichnung erhalten, und zwar als Koch der „besten Kantine der Bundeswehr". Ich will nicht sagen, dass das ausschließlich an meinen großartigen Leistungen lag. Im Nachhinein war mein Wirken überschaubar, vor allem im Ver-gleich zu dem, was ich später machen sollte. Der Titel sagt aber einiges über das damalige Niveau der Kantinen und überhaupt der Esskultur in Deutschland aus: In den 1960er-Jahren wurde oft bescheiden ge-kocht, Fertigsoßen, Suppen aus Päckchen. Frische Kräuter fehlten häufig komplett, außer Salz, Pfeffer und Kümmel wurden kaum Ge-würze verwendet. So betrachtet, kamen die wenigen qualitativen

Verbesserungen, die ich im Offizierskasino Esslingen eingeführt hatte, einem Quantensprung gleich.

Während meiner Bundeswehrzeit begann ich, mich immer mehr für die gehobene Küche zu interessieren, vor allem die Vielfalt und die Feinheiten der Mittelmeerküche faszinierten mich. Ich las über Köche, die mit Olivenöl statt mit Butter kochten, die Zutaten verwendeten, mit denen ich noch nie gekocht hatte, die Gewürze einsetzten, von denen ich allenfalls gehört hatte. Pasta, Risotto, Meeresfrüchte, Artischocken, Oliven – heute alles selbstverständlich. Damals war das eine Welt, die es noch zu entdecken galt. Später wurde ein Gourmetmagazin, die „Edition Wilsberger", zu meiner Lieblingslektüre. Die Autoren dieser Zeitschrift reisten vornehmlich durch Frankreich und Italien, um danach von ihren kulinarischen Erlebnissen in Fotos und Reportagen zu berichten.

Ich studierte die Rezepte und malte mir aus, wie es wohl sein würde, in diesem Stil zu kochen. In Deutschland? Vielleicht sogar in meinem eigenen Lokal? Aber das war damals natürlich nur eine ganz vage Idee, ganz weit weg, ein Traum. Für mich – und ich glaube auch für viele andere – waren die Geschichten der Autoren Entdeckungsreisen in ein unbekanntes Küchen- und Genussland. Touren, bei denen ich unbedingt dabei sein wollte. Die Lektüre bestärkte mich in meinem Entschluss, außerhalb von Deutschland meinen Horizont zu erweitern. Aber wo sollte ich hingehen? Frankreich war wie erwähnt schwierig. In Italien stellte die Sprache ein zu großes Hindernis dar, zudem war das Land weit weg. Im Zeitalter von Billigfliegern ist das vielleicht schwer zu verstehen, aber damals war das so. So beschloss ich, mein Glück in der Schweiz zu versuchen. Meine Wahl fiel auf den damals berühmten Koch Ernesto Schlegel, der im „Schweizerhof" in Bern arbeitete und meine Bewerbung schnell akzeptierte – mein gutes Abschlusszeugnis ebnete mir den Weg. Ich durfte bei ihm anfangen. Es sollte meine eigentliche Geburt als Koch werden. Für den „Schweizerhof" habe ich sogar meine erste große Liebe in Deutschland verlassen – der Beruf war mir einfach wichtiger.

DIE GEBURT ALS KOCH IN BERN

Im Frühjahr 1971 wurde ich aus der Bundeswehr entlassen, kurz darauf machte ich mich nach Bern auf. Mit meinem kleinen Renault 4 tuckerte ich über Basel in die Hauptstadt der Schweiz. Als ich ankam, hing der Himmel schwer und grau über der Stadt, die Aare plätscherte vor sich hin. Die Altstadt war mäßig belebt, es schien nicht so, als sei ich am Nabel der Welt gelandet. Ich bezog mein kleines Zimmer, das ich bei einer älteren Dame angemietet hatte. Nach einer kurzen Begrüßung kam sie schnell zum Wesentlichen: „Damenbesuch ist bei mir strikt verboten!" Ansonsten galt es, reinlich und ruhig zu sein, dann werde man gut miteinander auskommen. Meinen kleinen R 4 stellte ich auf einem öffentlichen Parkplatz ab. Was sollte in der friedlichen Schweiz schon passieren? Falsch gedacht: Diebe brachen den Wagen gleich in der ersten Nacht auf. Ich weiß gar nicht, was sie sich davon versprachen, es war nicht viel zu holen. Für mich war die Tat trotzdem ein Schock, denn sie stahlen einen alten Arztkoffer, den ich von meinem Großvater geerbt hatte. Es war wie verhext. Zum ersten Mal in meinem Leben war ich in einem fremden Land und sofort ging etwas schief. Nicht dass mich Heimweh befallen hätte, aber mich beschlich doch eine leichte Unruhe. Wie einfach wäre es doch gewesen, zu Hause zu bleiben und im elterlichen Betrieb zu arbeiten. Ob in der Schweiz alles gut gehen würde?

Von meinem neuen Zuhause ging ich zu Fuß zum „Schweizerhof". Ernesto Schlegel war ein kräftiger Mann mit großer Kochmütze, ein Bilderbuch-Koch. Kurz und bündig begrüßte er mich und teilte mir sofort eine Arbeit zu: „Du putzt das Gemüse, schneidest es klein und bereitest es nach unseren Vorgaben zu." Okay, dachte ich, das kann ich heute ja mal machen. Aus einen Tag wurde eine Woche, aus der Woche wurde ein Monat, aus dem Monat wurden zwei. In mir wuchs der Ärger. Im Restaurant meiner Eltern, bei der Bundeswehr, selbst als kleiner Lehrling im „Bauer" in Müllheim hatte ich schon selbstständig gearbeitet. Nun war ich wieder ganz am Anfang, Gemüse kistenweise putzen. Aber ich sagte nichts und wartete geduldig auf meine Chance.

Die sollte auch kommen, und zwar als ich zum ersten Mal für die Zubereitung des Personalessens eingeteilt wurde. Im „Schweizerhof" musste jeder Jungkoch an zwei Tagen für die Belegschaft kochen, das Budget war beschränkt, gegessen wurde am späten Vormittag und am frühen Abend. Für die meisten Kollegen war das Kochen des Personalessens eine Art Strafarbeit, bei der es nichts zu gewinnen gab. Dementsprechend schmeckte es: wenig inspiriert, langweilig, ich mochte es selten. Hier wollte ich ein Zeichen setzen. Das war die Gelegenheit, um auf mich aufmerksam zu machen! Ich musste es anders und besser machen als alle anderen. Tagelang grübelte ich darüber, was ich kochen könnte, akribisch bereitete ich mich auf die Aufgabe vor. Immerhin galt es, 60 Kollegen zu beeindrucken – vor allem aber den großen Chef, Ernesto Schlegel. Statt es nur bei einem Hauptgericht zu belassen, habe ich auch Vorspeise und Dessert serviert. So ein Personalessen hatte es im „Schweizerhof" noch nie gegeben. „Dieter, du kannst ja richtig kochen", sagte Ernesto Schlegel. „Mit dir kann man ja etwas anfangen. Du arbeitest ab jetzt in der Schultheissenstube." Ich strahlte, es hatte geklappt! Die „Schultheissenstube" war das Gourmet-Lokal im „Schweizerhof", klassische Hochküche in französischer Tradition, beste Produkte, wenige Tische, damals eins der besten Restaurants in der Schweiz. Genau in so einem Restaurant hatte ich immer arbeiten wollen! Es war ein Traum, in Erfüllung gegangen nach zwei Monaten Gemüse putzen und zwei Tagen Vollgas für die ganze Mannschaft.

Viele meiner Kollegen hatten übrigens weder für mein Engagement für das Personalessen noch für meinen schnellen Aufstieg in die „Schultheissenstube" etwas übrig. „Du bist ein Streber", sagte mir einer ins Gesicht. „Wegen dir müssen wir uns jetzt alle beim Personalessen mehr anstrengen." Mir war die Kritik egal. Ich wollte nur eins: kochen, so gut und so viel wie möglich.

In der „Schultheissenstube" arbeiteten vier Köche, ein Patissier und der Küchenchef, Herr Weihermann. Das Restaurant befand sich im ersten Obergeschoss, dort hatten wir unsere eigene kleine Küche, die nach und nach zu meinem Zuhause wurde. Ein normaler Arbeitstag dauerte etwa zwölf Stunden, aber ich blieb meistens länger, um noch von unserem Patissier etwas zu lernen oder ihm zu helfen. Der groß-artige Kollege kam aus Österreich. Bei ihm habe ich begriffen, wie wichtig Desserts sind – übrigens ganz besonders für Männer. Auch wenn sie das nicht so gern zugeben wollen. In meinen Restaurants habe ich später immer großen Wert darauf gelegt, dass es guten Nach-tisch gibt. Er bleibt natürlich auch deshalb oft im Gedächtnis, weil er zum Schluss serviert wird.

Wenn ich nachts vom „Schweizerhof" zurück in meine Kammer ging, freute ich mich schon auf den nächsten Arbeitstag. Ich konnte gar nicht genug von der Arbeit bekommen. Ich lernte viel und konnte das machen, was ich liebte. In der „Schultheissenstube" war anfangs jeder einzelne Tag eine Sensation. Ständig erlebte ich neues. Das begann morgens, wenn die Fische angeliefert wurden: Steinbutte, fünf oder sechs Kilogramm schwer, solche Fische hatte ich noch nie gesehen. Oder frisch gefangenen Loup de Mer und Krustentiere, im Liefer-wagen direkt vom Pariser Großmarkt nach Bern geliefert. Wir arbeite-ten mit bestem Bresse-Geflügel: große, kräftige Hühner mit einem wunderbar nussigen Geschmack und festem, saftigem Fleisch. Oder Trüffeln und Gänseleber – das waren Produkte, von denen ich zwar gehört, mit denen ich aber noch nie gearbeitet hatte.

Im Deutschland Anfang der 1970er-Jahre gab es diese Delikatessen kaum. Rindfleisch ließ Herr Weihermann in unserem Kühlraum am Knochen reifen, manchmal sechs Wochen lang, bis es perfekt abgehan-gen war und beim Braten wunderbar zart wurde. Das war noch bevor „dry aged meat" in Mode kam. Herr Weihermann nutzte das Verfah-ren, das auf einem einfachen Prinzip beruht, schon damals. Beim Abhängen verliert das Fleisch einerseits Feuchtigkeit, also Wasser. Dadurch wird der Geschmack intensiver. Zum anderen verändern Enzyme die Struktur des Fleisches, das dadurch zarter wird. Wenn Supermarktketten „frisches Rinderfilet" anbieten, dann mag das auf den ersten Blick ein tolles Angebot sein. Aber „frisch" ist bei Rind kein

Gütesiegel – Rindfleisch muss gut abgehangen sein. Bei Schwein oder Kalb ist das anders, das Fleisch muss nicht reifen, Wild auch nur sehr begrenzt. Bei Wild entsteht bei der Reife der sogenannte „Hautgout", ein spezieller Geschmack, der früher hoch im Kurs stand. Wer ihn nicht mag, findet ihn leicht modrig.

Im „Schweizerhof" wurde kompromisslos auf Qualität geachtet. Das hat mich ebenso beeindruckt wie geprägt. Es war eine ganz neue Qualität des Kochens, es ging um Feinheiten, Nuancen. Es ging nicht mehr darum, Gäste satt zu bekommen, sondern ihnen ein herausragendes Geschmackserlebnis zu bieten. Sie zu überraschen, ihnen Gerichte zu bieten, die sie nicht kannten. Das war Kochen in einer ganz anderen Dimension. Es war meine Geburt als Koch.

Nicht nur die Liebe zum Grundprodukt habe ich bei Ernesto Schlegel gelernt, sondern auch verstanden, wie wichtig gute Soßen sind. Schlegel und Weihermann waren große Soßenköche in klassischer französischer Tradition. Soßen waren für sie der Schlüssel zu einem guten Gericht. Ich finde, meine beiden großen Lehrmeister in Bern haben absolut recht. Soßen sind Bindeglieder und Alleinstellungsmerkmale zugleich. Sie sind konzentrierter Geschmack, eine Essenz. Es ist ja so: Selbst ein toller Fisch oder ein wunderbares Stück Fleisch haben meist keinen extrem intensiven Eigengeschmack. Mit einer Soße habe ich die Möglichkeit, ein Gericht in ganz andere geschmackliche Höhen zu führen. Und genau das taten die Herren Schlegel und Weihermann.

In der „Schultheissenstube" wurden die Soßen klassisch aufgebaut: Knochen rösten, Fonds ansetzen und reduzieren. Daneben gab es Luxusvarianten voll verschwenderischer Opulenz. Ein wunderbares Beispiel dafür ist die „Sauce riche", die ich heute immer noch gern serviere. Der Name ist dabei Programm.

Von Bern habe ich während meiner Zeit im „Schweizerhof" nicht viel mitbekommen. Wenn ich gearbeitet habe, war ich oft 14 Stunden in der Küche, das war mein Zuhause. Danach war ich zu müde, um auszugehen. Wenn ich freie Tage hatte, bin ich mit meinem R4 nach

Hause gefahren. Bei meinen Eltern im Hotel Post gab es immer viel zu tun. Vor allem meine Mutter war ständig im Einsatz, von morgens ganz früh bis spät abends. Weil ich das wusste, plagte mich mein schlechtes Gewissen: Wie konnte ich in Bern einen freien Tag genießen, während meine Mutter schuftete? Nein, das ging nicht. Also setzte ich mich in meinen französischen Kleinwagen und tuckerte die gut dreieinhalb Stunden zu meinen Eltern. Manchmal fuhr ich direkt nach dem Service los, durch die Nacht nach Norden. In der Küche meiner Eltern entwickelte ich mich allerdings immer mehr zum Unruhegeist. Meine neuen Erkenntnisse und Techniken, die ich aus Bern mitbrachte, passten nicht unbedingt zum Speisenangebot des Familienrestaurants. Der ein oder andere Gast war deshalb etwas irritiert, wenn er sein Fleisch auf einmal nicht durchgebraten bekam und ich ihm erklärte, dass Rind einfach besser schmeckt, wenn es innen rosa ist – eben genau so, wie ich es in Bern gelernt hatte.

So schön es in Bern war, nach einem Jahr wollte ich weiterziehen. In der „Schultheissenstube" hatte ich viel gelernt, nun wollte ich hinaus in die Welt. Da traf es sich gut, dass die Besitzer des „Schweizerhofs" auch ein Hotel auf der griechischen Ferieninsel Korfu hatten. Der dortige Schweizer Küchenchef, Herr Buser, war im Winter bei uns gewesen und hatte in der Zeit, in der das Ferienhotel in Griechenland geschlossen war, bei uns mitgearbeitet. „Dieter, hast du nicht Lust die nächste Sommersaison bei mir in Griechenland zu kochen?", fragte er mich. Ernesto Schlegel war von der Idee nur mäßig begeistert, ließ mich aber ohne Groll ziehen. „Köche müssen rumkommen", sagte er. Damit stand fest, dass ich wechseln würde. Korfu war damals eine sehr exotische Insel, für mich allerdings kein komplettes Neuland, da mein Bruder Jörg zuvor dorthin gezogen war und mir von der Arbeit dort vorschwärmte. „Musst du auch machen. Viel Arbeit, aber im Sommer super!"

SOMMER AUF KORFU

Im März 1973 machte ich mich zusammen mit einem deutschen Kollegen aus dem „Schweizerhof" auf nach Griechenland. Gemeinsam starteten wir in seinem VW Käfer und fuhren über den Gotthard-Pass, durch ganz Italien bis hinunter nach Brindisi, dem Fährhafen. Es war eine lange Fahrt ohne große Pausen. Im Käfer war es kalt, der Wagen war luftgekühlt, die Heizung funktionierte deshalb nur mäßig, im Heck röhrte der kleine 34-PS-Motor. Langsam tuckerten wir durch Italien, das uns beiden unbekannt war. Umso größer der Schreck, als uns plötzlich ein Polizeiwagen überholte und uns zum Anhalten zwang. Zwei Carabinieri stiegen aus und fragten nach unseren Papieren. „Bist du zu schnell gefahren?", zischte ich meinen Kollegen an. „Das kann teuer werden." Keine Ahnung, wie ich darauf kam, ich war ja noch nie in Italien unterwegs gewesen. Wahrscheinlich war es die Angst vor dem Unbekannten. „Nein, natürlich nicht, zu schnell geht gar nicht mit dem Auto", meckerte er zurück.

Zum Glück war unsere Aufregung unnötig. Die beiden Polizisten guckten sich kurz unsere Papiere an, um dann in gebrochenem Deutsch zu fragen: „Beckenbauer, Müller – sind gut? Alle gesund?" So plauderten wir über Fußball, über das legendäre Halbfinale der Fußball-Weltmeisterschaft 1970 in Mexiko, bei dem Italien Deutschland besiegt, und über die letzte Europameisterschaft, die Deutschland gewonnen hatte. „Deutschland sehr gut", sagte ein Polizist. Dann durften wir weiterfahren.

Als wir auf Korfu ankamen, war es noch ruhig auf der Insel, auch in unserem Hotel „Miramare Beach" war nicht viel los. Wir bezogen unser Zimmer, eine kleine Kammer mit zwei Betten und zwei Spinden. Zum Glück besaß ich damals nur den Inhalt eines mittelgroßen Koffers! Für mehr wäre in dem kleinen Schrank kein Platz gewesen. Es war ein bescheidener Anfang, und der nächste Tag sollte nicht besser werden. Wir mussten zu einem Gesundheitscheck, der in einer Anstalt für psychisch Kranke stattfand. Wo, um Gottes Willen waren wir da gelandet? Und es kam noch toller! Endlich zurück im Restaurant, sahen wir, wie Unmengen von Artischocken angeliefert wurden. Der Schweizer Küchenchef hatte eine ganz genaue Vorstellung davon, was wir damit machen sollten: „Alle schön putzen und konservieren." In tagelanger Kleinarbeit lernte ich, Artischocken perfekt zuzuschneiden. Damit habe ich später viele Jungköche bei mir getriezt. Das Ziel ist es, das Heu so herauszuschneiden, dass der Boden möglichst unversehrt und vor allem so groß wie möglich bleibt – bloß nicht mehr Verschnitt als notwendig erzeugen! Die Böden haben wir in einer Wasser-Zitronensaft-Salz-Lösung konserviert. So mühsam die Vorarbeit war, so großartig war es, in der Hochsaison, wenn wenig Zeit war, auf die perfekt vorbereiteten Artischockenböden zurückzugreifen – eine extrem vorausschauende Art des „mis en place".

Die Arbeit in der Hotelküche war spannend für mich, jeden Tag wurde für bis zu 250 Gäste gekocht. Im Sommer gab es warm-kalte Büffets unter freiem Himmel, ganze Lämmer wurden stundenlang über dem Grill geröstet. Büffets dieser Art kannte ich nicht. Manchmal machten wir Käsesoufflé als Vorspeise, das wurde à la minute zubereitet, 180 Stück. Da durfte nichts schiefgehen, Schnelligkeit war gefragt. Die Zeit Schutzhandschuhe anzuziehen, hatte ich nicht. Meine Finger waren danach mit Brandblasen übersät.

Obwohl das Hotel direkt am Meer lag, kochten wir anfangs kaum Fisch. Es war mehr eine Schweizer Küche für Schweizer Gäste, Bern auf Korfu sozusagen. „Könnte ich nicht mal etwas Neues ausprobieren", fragte ich den Chef. „Es gibt bei den Fischern wunderbare Doraden." „Nur zu, Dieter. Denk dir etwas Schönes aus, du musst es nur gut hinkriegen." Also ging ich zu den Fischern und besorgte wunderbare Doraden und andere Mittelmeerfische. Ich experimentierte nach Herzenslust, die Fischer kannten mich bald und boten mir immer neue Spezialitäten an. Es war ein großer Spaß – die Gäste liebten meine neuen Gerichte.

War der Frühling auf Korfu noch recht kühl gewesen, wurde es im Sommer richtig heiß. Ich hatte den Eindruck, das Meer dampfte und die heißen Schwaden zögen direkt in unser Hotel. Aber wahrscheinlich habe ich das nur so empfunden, weil es in unserer Küche so unfassbar stickig war: keine Klimaanlage, riesige Küchenherde, Außentemperatur 35 Grad Celsius. Es war wie in einer Sauna, nur die Luftfeuchtigkeit war höher. Bei der Arbeit war das anstrengend. In der Freizeit war das Wetter natürlich genial. In der Mittagspause kurz ins Meer springen, das ist ein tolles Vergnügen. Am Rand des Hotelstrands gab es einen kleinen Abschnitt, an dem wir Angestellte baden durften und – mindestens genauso wichtig – unsere tägliche Siesta halten konnten. Zwei Stunden Pause bedeuteten meist eine gute Stunde Schlaf. Die war auch nötig, denn die Nächte auf Korfu waren kurz.

Wenn wir gegen 23 Uhr in der Küche fertig waren, ging ich zusammen mit meinem Zimmerkollegen meist noch in eine Taverne – in unser Zimmer konnten wir nicht, da war es unerträglich warm. Zudem fühlten sich die Bettlaken an, als seien sie mit Plastik überzogen. In den Restaurants saßen wir bis tief in die Nacht im Freien, aßen griechischen Salat, gegrillte Lammsteaks und tranken Retsina. Den geharzten Weißwein mochten wir pur jedoch nicht, also verdünnten wir ihn mit Limonade. Ein Abend in der Taverne war nicht teuer, vielleicht vier oder fünf Mark. Wir mussten im „Miramare Beach" zwar sehr viel arbeiten, aber wir hatten ein schönes Leben, völlig unbeschwert.

Meistens zumindest. Nur manchmal, wenn mein Kollege nachts einen seiner Mondsucht-Anfälle bekam, wurde es heikel. Er schreckte aus dem Schlaf auf und war völlig von Sinnen. Meistens wollte er sich umgehend in seinen VW Käfer setzen und nach Hause fahren – sofort. Ich redete ihm gut zu und verhinderte seine frühzeitige Abreise. Am anderen Morgen konnte er sich an nichts mehr erinnern. Nur ich war noch müder, weil ich noch weniger geschlafen hatte.

Das einzige, was uns auf Korfu wirklich fehlte, waren junge Frauen, mit denen wir ausgehen und nähere Bekanntschaft schließen konnten. Im Hotel oder in der Nähe arbeiteten kaum Nordeuropäerinnen, mit denen wir etwas unternehmen konnten. Also lernten wir nur Griechinnen kennen, schüchterne, sehr nette, gut aussehende Mädchen. Das Problem war nur, dass sich der Umgang mit ihnen bald als nicht ganz unkompliziert erwies. Mit einem Mädchen war ich ein paar Mal ausgegangen, ganz harmlos. Ich war wirklich ein schüchterner junger Mann. Aber bevor ich nur ans Küssen dachte, bekam ich schon Besuch von mehreren männlichen Familienmitgliedern. Sie stellten mir im Falle einer Hochzeit eine gewisse Anzahl Schafe und Olivenbäume in Aussicht. An einer derart festen Beziehung war ich nun gar nicht interessiert. Ich sah mich nicht als Landwirt auf Korfu. Auf weitere Treffen mit dem Mädchen habe ich lieber verzichtet, zumal ich erlebt hatte, was passierte, wenn man einem griechischen Mädchen zu nah kam. Ein Kollege hatte die eindeutigen Absprachen mit der Familie offenbar missachtet und musste bei Nacht und Nebel die Insel verlassen. Die Alternative wäre gewesen, seine Freundin zu heiraten. Komplikationen dieser Art konnte ich nicht brauchen. Ich wollte kochen und lernen und mich nicht in Abenteuer mit ungewissem Ausgang verstricken.

Auf Korfu habe ich gut vier Monate ohne einen freien Tag gearbeitet. Erst als die Saison im Herbst langsam ausklang, konnte ich Urlaub nehmen. Ich bekam Besuch von meiner Schwester Friederike, wir verbrachten einige sehr schöne Tage auf der Insel. Dabei entdeckte ich eine neue Leidenschaft: tauchen. Schwerelos durch das Wasser gleiten, dabei die Fische beobachten, sich treiben lassen. Ich liebte dieses Gefühl. Doch leider habe ich mich auf Korfu ohne richtige Ausbildung und ohne die notwendige Vorsicht in immer größere Tiefen gewagt. Keine Ahnung, ob ich mir der Gefahr, die mit dem Tauchen in größeren Tiefen verbunden war, nicht bewusst war oder ob ich sie einfach ignorierte. Auf jeden Fall musste ich dafür einen hohen Preis bezahlen. Als ich mich bei einem Tauchgang zu ein paar Felsen treiben ließ, hörte ich in meinem Kopf einen dumpfen Ton, wie eine kleine, weit entfernte Explosion. Ich hatte keine Ahnung, was da passiert war, ahnte aber nichts Gutes und tauchte wieder auf. Später stellte sich heraus, dass mein rechtes Trommelfell geplatzt war. Viel später, 1991, ließ ich mich operieren.

DER WEG NACH WERTHEIM

Anfang Herbst 1973 ging meine Zeit auf Korfu zu Ende. Ich wusste schon, was ich danach machen wollte. Jörg, der schon in London, auf Korfu und zuletzt in dem mondänen Wintersportort St. Moritz gearbeitet hatte, war nach Wertheim-Bettingen gegangen, als Chef-koch der „Schweizer Stuben". „Dieter, du musst unbedingt kommen", sagte er. „Ich brauche eine rechte Hand, auf die ich mich zu hundert Prozent verlassen kann." Jörg war damals Mitte zwanzig, ich hielt ihn für einen tollen Koch, der obendrein richtig ehrgeizig war. „Wir machen das Restaurant zu einem der besten in Deutschland", sagte er. Dann erzählte er vom Besitzer, einem gewissen Adalbert Schmitt, von dem ich noch nie gehört hatte, der aber bereit zu sein schien, viel Geld in sein Restaurant zu investieren. Zudem stellte mir Jörg ein gutes Gehalt in Aussicht. Und nicht nur das. Zum ersten Mal würde ich mein Zimmer nicht mit einem Kollegen teilen müssen. In Wertheim sollte ich eine eigene kleine Wohnung haben. Das fand ich großartig. Endlich ein Zimmer für mich – mit Mitte zwanzig. Man kann nicht sagen, dass ich besonders anspruchsvoll gewesen wäre.

Jörg musste mich nicht lange überreden, nach Wertheim zu kommen. Letztendlich genügte ein einziges Telefongespräch, um eine Entschei-dung zu treffen, die mein Leben als Koch prägen sollte. Eine Entschei-dung, die mich zu dem werden ließ, der ich bin. Eine Entscheidung, die meinen Berufs- und Lebensweg – in Wertheim traf ich meine Frau – entscheidend bestimmt hat. Die dazu führte, dass ich mit einem Mann zusammenarbeiten durfte, der sehr viel für die Entwicklung der deutschen Gastronomie getan hat – jener Adalbert Schmitt.

Aber erst musste ich mühsam von Korfu zurück nach Deutschland fahren. Bei meinen Eltern legte ich einen Zwischenstopp ein und nutzte die Zeit, um mir ein Auto zu kaufen. Geld genug hatte ich beisammen. Auf Korfu hatte ich nur wenig ausgegeben, das meiste konnte ich zur Seite legen. Mein gesamtes Hab und Gut passte immer noch in einen Koffer.

Ich wusste, was für einen Wagen ich haben wollte: einen Porsche. Ich war vernarrt in Autos. Zugegeben, für einen echten Porsche, also einen 911er, den großen Klassiker, reichte das Geld nicht. Aber einen sogenannten VW-Porsche, das Modell 914, konnte ich mir leisten. Es war ein zweisitziger Sportwagen, der aus einer Kooperation zwischen VW und Porsche resultierte und enorm schnittig aussah. Zudem hatte er ein herausnehmbares Dach, es war ein „Targa". Für damalige Verhältnisse erreichte der Wagen ein ziemliches Tempo, selbst in der Vierzylinder-Variante, die ich anpeilte. Der VW-Motor, der direkt hinter den Sitzen röhrte, leistete zwar nur etwa 80 PS, für heutige Maßstäbe Kleinwagenformat, doch das reichte für Tacho 180. Das schafften in den 1970er-Jahren nicht viele andere Autos. Auch die Beschleunigung war gut, denn der Wagen war leicht, keine 1000 Kilogramm.

Naiv wie ich war, ging ich zum nächstbesten Autohändler und erstand einen Wagen, mehr oder weniger nebenbei. Ich hatte es eilig nach Wertheim zu kommen. Da blieb keine Zeit für eine richtige Prüfung, nicht einmal den Fahrzeugbrief habe ich mir angesehen. Dann hätte ich nämlich gemerkt, dass mein gelber Renner schon fünf Vorbesitzer hatte, gar kein gutes Zeichen. Auf der Fahrt von Esslingen nach Wertheim wurde mir dann auch klar, weshalb keiner meiner Vorgänger den Wagen länger behalten hat – kaum war ich unterwegs, blieb ich schon liegen. Es sollte nicht die einzige Panne sein. Nach einem halben Jahr tauschte ich das Pannenfahrzeug gegen einen anderen 914er, ein rotes Exemplar. Das war schon während der Ölkrise, und da die Boxermotoren des VW-Porsches durstig waren, wurden die Autos günstig verkauft. Diesen zweiten Wagen, ganz in rot mit schwarzem Dach, bin ich mit viel Spaß jahrelang gefahren.

ADALBERT SCHMITT – BERUF LEBEMANN

Als ich in Wertheim, das etwas 20 Kilometer westlich von Würzburg liegt, ankam und Adalbert Schmitt kennenlernte, wurde mir klar, bei was für einem ehrgeizigen Projekt ich angeheuert hatte. Schmitt hatte in jungen Jahren ein erhebliches Vermögen als Fabrikant von Kunststoffteilen gemacht. Schon mit Ende zwanzig hatte er sich ein stolzes Vermögen erarbeitet. Das Geld erlaubte es ihm, seinen vielen Hobbys nachzugehen: Sport, Essen, Trinken und Reisen – und die „Schweizer Stuben".

Anfangs wurde hier klassisch eidgenössisch gekocht – Schmitt war ein großer Schweiz-Fan. Doch das war ihm bald zu wenig und er setzte sich ein neues, nicht ganz unbescheidenes Ziel: Die „Schweizer Stuben" sollten das beste Restaurant Deutschlands werden. Das heißt natürlich nicht, dass er das persönlich leisten wollte. Für diese nicht unerhebliche Aufgabe hatte er 1972 meinen Bruder und später mich engagiert. Von diesen hoch fliegenden Ambitionen hatte mein Bruder Jörg tatsächlich gesprochen, doch so richtig ernst hatte ich das nicht genommen. Ich dachte, das sei ein Spruch, um mich nach Wertheim zu locken – doch weit gefehlt. Schmitt meinte es ernst, sehr ernst sogar. „Meine Herren, Sie sind gefordert!", stellte er schnell klar. Das war einer seiner Lieblingssprüche, ich habe ihn oft gehört.

Schmitt, ein sportlicher Typ, war, was man einen „Lebemann" nannte. Er war zum dritten Mal verheiratet und hatte insgesamt sieben Kinder. Er mochte Frauen. Bereits 1971, damals war er gerade mal 39 Jahre alt, hatte er sich aus der Geschäftsführung seiner Firma zurückgezogen und die „Schweizer Stuben" gegründet. Später, in den 1980er-Jahren, liebte er es, durch Südfrankreich und durch Italien zu fahren, zu schlemmen und Restaurants, Köche und deren Gerichte zu fotografieren. Die Resultate seiner Rechercherreisen veröffentlichte er dann im Eigenverlag als Reisebücher mit Rezepten von mir. Themen waren unter anderem: Ligurien, die Toskana und das Piemont. Auf solchen Reisen war ich später oft dabei.

Auch wenn wir viele Jahre nicht mehr zusammengearbeitet hatten, bildeten mein Bruder und ich schnell wieder ein gutes Team. Jörg hatte in London und St. Moritz andere Erfahrungen als ich in Bern und auf Korfu gemacht. Er kümmerte sich in erster Linie um die kalte Küche mit großartigen Spezialitäten wie Terrinen und Pasteten. Im Umgang mit Gänseleber war Jörg bereits routiniert. Ernesto Schlegel hatte sich immer eingeschlossen, wenn er seine Gänseleberpastete herstellte. Das Rezept wollte er keinem Koch verraten. Jörg war auch im Küchenmanagement weiter als ich. Er verantwortete deshalb den Einkauf in Wertheim und war am Anfang der erste Ansprechpartner für Adalbert Schmitt. Ich kümmerte mich um Fleisch und Fisch und die entsprechenden Soßen. In Bern hatte ich viel gelernt, und bereits mit hochwertigem Fisch wie Steinbutt, Seeteufel und Wolfsbarsch gearbeitet und natürlich edles Fleisch zubereitet: Kalbsrücken, Rinderfilet und Wild.

In Wertheim erweiterten mein Bruder und ich unser Küchenrepertoire beständig. Wir besorgten uns französische Kochbücher und eigneten uns an, was unsere Vorbilder kochten, darunter deftige Spezialitäten wie Kalbskopfterrine und gefüllten Schweinsfuß. Wir lernten den Umgang mit Kalbsbries und mit Lammfleisch, das damals in Deutschland kaum verwendet wurde, sowie mit Krustentieren. Hummer, Languste, Scampi – das waren echte Sensationen Anfang der 1970er-Jahre.

„Ein guter Koch muss viel reisen", pflegte Adalbert Schmitt zu sagen. Dann schickte er uns los, unter anderem nach Illhaeusern, zur Familie Haeberlin, die die legendäre „Auberge de l´Ill" führten, welche damals bereits mit drei Michelin-Sternen ausgezeichnet war. Paul Haeberlin war der Küchenchef, sein Sohn Marc, etwa so alt wie ich, arbeitete mit ihm. Beiden habe ich viel zu verdanken: Statt die Küchengeheimnisse für sich zu behalten, waren beide während meiner kurzen Besuche sehr offen. Gänseleberterrine hätte ich ohne die Tipps von Marc nie so hingekriegt! Ohne ihn hätte ich wahrscheinlich viele Hummer zu lange gegart. Da ich kein Französisch konnte, war das Elsass für mich der ideale Ort, um meine Kenntnisse der französischen Hochküche zu erweitern: Vater und Sohn Haeberlin sprachen Deutsch beziehungsweise Elsässisch, eine Mundart, die ich als Badener gut verstehe. Über die Jahre ist eine Freundschaft mit Marc entstanden. Für mich ist er ein wirklich großer Koch, der es schafft, regionale Verwurzelung, Weltoffenheit und Innovation perfekt zu vereinen. Jeder Besuch in der „Auberge de l´Ill" ist ein Erlebnis für mich.

Adalbert Schmitts Credo, wonach ein guter Koch viel reisen muss, kam mir auch zugute, als mir ein mittleres Unglück zustieß. Im zweiten Jahr in Wertheim verbrachte ich meinen Winterurlaub in Davos. Das Wetter war wunderbar, blauer Himmel, Sonne, es hatte genug Schnee. Ich bin immer gern schnell gefahren, auch an diesem Vormittag war ich zügig unterwegs. Die Piste war frisch gespurt, der Schnee so trocken und leicht, dass bei jedem Schwung Schneekristalle in die Luft gewirbelt wurden. Im Januar sind die Pisten leer, nur an diesem Tag war dummerweise eine Gruppe unterwegs, die in ganz großen Bögen ganz langsame Schwünge übte. Ich kam angeflitzt, sah die Gruppe zu spät, musste ausweichen, verkantete, dann hob es mich aus, ich stürzte. Sofort spürte ich einen stechenden Schmerz im Knie. Ich rappelte mich auf und rettete mich hinunter ins Dorf. Die Diagnose beim Arzt war niederschmetternd: Bänder- und Meniskusanriss, Knie in Gips, Stehen für die nächsten zwei Wochen unmöglich.

Das hieß nichts anderes, als dass ich zum Start nach der Winterpause in Wertheim mit einem Gehgips in der Küche unterwegs sein würde. Reichlich betrübt griff ich zum Telefonhörer, um Adalbert Schmitt die schlechte Nachricht zu übermitteln. Mein Chef war komplett ungerührt und besorgte mir zuerst einen hervorragenden Arzt, dann tröstete er mich. „Müller, das kann passieren. Erholen Sie sich gut und nutzen Sie die Zeit. Ich habe eine Idee: Fliegen Sie nach Südfrankreich und gehen Sie in zwei Sternelokale essen – das ist übrigens eine Dienstreise."

Ich war sehr beeindruckt. Schmitt hatte wirklich jeden Grund, verärgert zu sein. Aber er war jemand, der in großen Dimensionen dachte. Natürlich hatte er Recht – was gab es besseres, als die Zeit sinnvoll zu nutzen. Die Reise durch Frankreich wurde zu einer unglaublichen

Entdeckungstour. Zusammen mit meiner damaligen Freundin und jetzigen Frau aß ich bei Roger Vergé im „Le Moulin de Mougins" und bei Luis Outhier im „L´Oasis". Beide gehörten zu den besten Lokalen Frankreichs und waren mit drei Sternen ausgezeichnet. Gewohnt haben wir im „Hotel Majestic" in Nizza. Wie oft saß ich am Tisch und habe gedacht: „Wow, ist das gut gekocht, ist das schön angerichtet. Genau so wollen wir es in Wertheim auch machen!" Dazu muss man sich in Erinnerung rufen, dass uns die französische Spitzenküche in den 1970er-Jahren meilenweit voraus war. Die Selbstverständlichkeit, mit der die Kollegen mit edlen Produkten arbeiteten, ihre Kreativität, ihre Eleganz – all das war sehr beeindruckend für mich. Und sehr lehrreich.

Inspiriert von meiner ersten Reise bin ich 1976 erneut nach Frankreich gefahren. Damals hatte ich gerade die Prüfung zum Küchenmeister bestanden. Das wollte ich zusammen mit meiner Freundin feiern und zwar bei Paul Bocuse in Lyon, der damals schon ein großer Küchen-Star war. Seit 1965 war sein Lokal in der Nähe der Stadt mit drei Michelin-Sternen ausgezeichnet, gelernt hatte er bei Fernand Point, einem Großmeister der französischen Küche. Bei Bocuse haben wir damals unter anderem eine Muschelsuppe und eine Trüffelsuppe mit Blätterteighaube gegessen, es war großartig. Den Geschmack kann ich mir heute jederzeit ins Gedächtnis rufen. Das Menü, die Weine – bei dem Mittagessen ging wohl ein halber Monatslohn drauf, aber das machte nichts. Der Genuss war es mir wert. Später, 1980, haben wir unsere Hochzeitsreise ebenfalls unter kulinarischen Gesichtspunkten gestaltet: in die Champagne und nach Paris, wunderbar.

Neben Ideen für neue Gerichte, habe ich von meiner verletzungsbedingten Dienstreise nach Südfrankreich noch weitere Anregungen nach Wertheim mitgebracht. So sah ich in Frankreich zum ersten Mal einen großen Dessertwagen, bestückt mit all den Köstlichkeiten: Mousse au Chocolat, Île flotante, Tarte au Citron, Crème Caramel, dazu Eis in allen Varianten und kleine Obsttörtchen – wer Desserts liebt, konnte nicht widerstehen. Genau das war der Sinn der Sache: Die Opulenz sollte einfach überwältigend sein. In Deutschland waren

Dessertwagen unbekannt. Wir führten ihn in Wertheim ein, ganz zur Freude der Gäste. Weitere Entdeckung in Frankreich: ein Taschenschemel für Damenhandtaschen, den ich später in Lerbach einführen sollte. Auch dieses Utensil kannte in Deutschland keiner. Umso begeisterter waren die Damen, dass sie ihre Tasche bequem abstellen und jederzeit hineingreifen konnten.

Und noch etwas habe ich als Idee mit nach Wertheim gebracht: den Digestif. In Deutschland waren Schnäpse eher „Verreißer", die den Magen nach einem schweren Essen aufräumen sollten. Bei unserer leichten Art zu kochen, war das gar nicht nötig. In Frankreich wurden keine medizinisch wirkenden Alkoholika, sondern feine Brände serviert. Da ging es nicht um die Fettverarbeitung im Magen, sondern um einen weiteren Genuss, der den Abend abrundete. Cognac, Armagnac, alte Obstbrände aus Zwetschgen, Mirabellen oder Kirschen – das war etwas Anderes als Kräuterschnaps.

Weil ich diese französische Digestif-Kultur kennengelernt hatte, war ich gut vorbereitet, als eines Abends ein Mann fragen ließ, ob mein Bruder und ich kurz an seinen Tisch kommen würden. Er wolle uns etwas zeigen. Der Mann war Thomas Ziegler, der seine ersten Schnäpse gebrannt hatte. Von deren außergewöhnlicher Klasse war er sehr überzeugt. „Ich habe da ein Wildkirschwasser. Ist das etwas für euch?", fragte er. Der Prototyp des „Ziegler No. 1", der später berühmt werden sollte, war reichlich ungehobelt, ein Brand mit Ecken und Kanten und gehöriger Schärfe, aber großartigem Aroma. Ein Rohdiamant. Wir erkannten, was für ein enormes Potential in dem Schnaps schlummerte. Ziegler hatte nur vollreife Früchte verwendet, ohne Fäulnis, und er hatte nur das Mittelstück des Brandvorganges abgefüllt – das Destillat mit der besten Qualität. Wir erklärten ihm, dass wir im Prinzip großes Interesse an seinem „No. 1" hätten. Allerdings müsse er bei seinem Erstlingswerk etwas nachsteuern. Das tat er und präsentierte uns wenig später eine mildere Variante, die ebenfalls ungeheuer aromatisch war. Wir schenkten schließlich die Brände von Thomas Ziegler nicht nur aus, sondern organisierten auch die Deutschland-Präsentation seiner gesamten Kollektion in den „Schweizer

Stuben". Zieglers Brände waren Wegbereiter für viele andere ambitionierte Destillateure.

Der Beginn in den „Schweizer Stuben" war furios. Die Gäste waren begeistert, die angereisten Tester ebenso. Schnell hatten wir ein paar Gerichte entwickelt, die sehr erfolgreich wurden. Es gab Kastaniencremesuppe mit weißem Piemont-Trüffel, Loup de Mer in der Salzkruste, Taube mit Gänseleber in Blätterteig und ein Duo von weißer und dunkler Schokoladenmousse auf Gewürzkirschen. Alles Gerichte, die heute noch hervorragend schmecken und damals hochmodern waren.

So fordernd Adalbert Schmitt war, so begeisterungsfähig war er auch. Wenn ihm ein Gericht besonders gut schmeckte, kam er in die Küche gelaufen. „Das beste Fischfilet meines Lebens, Glückwunsch. Darauf stoßen wir mit Champagner an." Und wir haben oft Champagner getrunken, Schmitt liebte es, zu feiern und ein gutes Glas zu trinken, vor allem in Gesellschaft.

DER ERSTE STERN

Das erste Etappenziel in den „Schweizer Stuben" war ein Michelin-Stern. Davor hatte ich mich gar nicht groß um diese Art der Klassifizierung gekümmert. Wieso auch: In Deutschland gab es nur wenige Sterne-Restaurants. Das sollte sich ändern: In den 1970er-Jahren begann das deutsche Küchenwunder, mein Bruder und ich waren ein Teil davon.

Etwa zur gleichen Zeit, als Adalbert Schmitt die „Schweizer Stuben" eröffnete, 1971, gründete ein ebenfalls sehr vermögender Herr, der Bauunternehmer Fritz Eichbauer, in München das „Tantris". Chefkoch der ersten Stunde war: Eckart Witzigmann, der später zu einem der weltbesten und bekanntesten deutschen Köche werden sollte. Ironie des Schicksals: Seinen dritten Stern erhielt der Österreicher Witzigmann nicht mehr im „Tantris", sondern im „Aubergine". Dorthin war er 1978 gewechselt, ein Jahr später erhielt das Lokal die begehrte Auszeichnung – als erstes in Deutschland. Witzigmanns Nachfolger im „Tantris" war Heinz Winkler, der später ebenfalls mit drei Sternen ausgezeichnet wurde.

Eckart Witzigmann hatte seine Kochkunst bei Paul Bocuse und der Familie Haeberlin im Elsass verfeinert. Damals galt die „Auberge de l´Ill" als eins der besten Lokale Frankreichs. Paul Haeberlin kochte auf einer Stufe mit Paul Bocuse, mindestens. Witzigmann hatte gelernt, wie in französischen Drei-Sterne-Lokalen gearbeitet wird. Mit diesem Wissen und seinem unbändigen Ehrgeiz trat er im „Tantris" an, zusätzlich angestachelt von Fritz Eichbauer. Dem Bauunternehmer war bei seinen Reisen durch Frankreich und Italien aufgefallen, dass man dort erheblich raffinierter speiste als in Deutschland. Und Eichbauer war ein Mann der Tat. Da er in München nicht auf seine geliebte französische Küche verzichten wollte, gründete er mit dem in ganz in Orange gehaltenen „Tantris" sein eigenes Restaurant, ein architektonisches Unikat im Flair der Hippie-Generation.

Mit dem „Tantris" sollten wir in den nächsten Jahren herzlich im Wettbewerb verbunden sein. Beim Kampf um die höchsten Bewertungen in den Restaurant-Führern, aber auch auf dem Fußballplatz, denn genau wie ich ist Eckart Witzigmann ein Fußballfan. Beide Restaurants hatten gute Mannschaften. Ich nehme es Eckart allerdings noch ein wenig übel, dass er bei einem entscheidenden Spiel des „Aubergine" gegen uns, nicht nur auf das eigene Personal zurückgriff, sondern auf ein paar Stammgäste, die zufälligerweise früher bei den beiden großen Münchner Fußballvereinen gespielt hatten, darunter ein paar ehemalige Nationalspieler. Das „Aubergine" siegte, aber wir haben uns bei der deutlichen Niederlage gut geschlagen. Wahrscheinlich wäre mehr drin gewesen, wenn wir nur 60 Minuten gespielt hätten, denn wir hatten ein paar gute Leute. Hans-Stefan Steinheuer gab einen prima Libero (wir spielten nicht mit Viererkette!), Johann Lafer stand im Tor und Stefan Rottner hatte in seiner Jugend beim 1. FC Nürnberg gespielt, er war ein super Mittelfeldmann. Aber Eckart bestand auf den vollen 90 Minuten. Er war sehr ehrgeizig.

Fußball hat uns auch mit andern Spitzenköchen verbunden. Heinz Winkler spielte zwar selbst nicht, legte aber Wert auf eine gute Truppe. Unsere Bilanz gegen ihn war trotzdem positiv. Am schönsten waren jedoch unsere Spiele gegen das Team des Restaurants „Stucki" in Basel. Hans Stucki war einer der größten Köche seiner Zeit und ein unglaublich sympathischer Kollege, der leider viel zu früh gestorben ist. Er organisierte ein Spiel im Stadion des FC Basel, das wir gewonnen haben und bei dem ich wegen zu harten Spiels ermahnt wurde. „Aber das ist doch unser Chef", raunten meine Mitspieler dem Schiedsrichter zu. „Na, dann machen Sie weiter", rief er mir zu. Es war eine entspannte Atmosphäre. Danach bewirtete uns Hans Stucki mit einem Raclette. Den warmen Käse strich er mit einem großen Messer vom heißen Laib. Es gab sehr guten Schweizer Weißwein, frischen Fendant, das ist die Schweizer Variante des Gutedels, frisches Brot und Salate. Ein wunderbarer Abend.

Aber obwohl uns der Wettkampf viel Spaß machte, stellten wir die Fußballspiele gegen die Teams anderer Restaurants ein. Der Preis war zu hoch: Immer wieder verletzten sich Mitarbeiter, die dann wochenlang ausfielen. Allerdings trainierten wir in Wertheim weiter. Im Winter hatten wir eine kleine Sporthalle gemietet, im Sommer spielten wir auf dem Platz des örtlichen Fußballvereins – Hauptsponsor dort war Adalbert Schmitt.

Machte ich mir Gedanken, ob wir in den „Schweizer Stuben" die extrem ambitionierten Vorgaben unseres Besitzers erfüllen konnten? Ob wir in der Lage sein würden, so raffiniert zu kochen, wie er es gern wollte? Ich glaube nicht. Ich war ziemlich unbedarft. Es war alles so neu, ein herrliches großes Abenteuer. Wir liebten unsere Arbeit und stießen auf größere Probleme gar nicht beim Kochen, sondern beispielsweise beim Einkauf. Woher sollten wir die Köstlichkeiten bekommen, die Schmitt auf unserer Speisekarte erwartete? Hummer, Steinbutt, Trüffel, Langusten, Gänseleberpastete, Seezunge: Die einzige Möglichkeit, diese Produkte in bester Qualität zu besorgen, war, selbst nach Frankreich zu fahren, um sie dort einzukaufen.

Unser bevorzugtes Ziel war der Großmarkt in Straßburg. Mit unserem Transporter brauchten wir für die Strecke etwa drei Stunden. Das hieß gegen 2 Uhr morgens aufbrechen, wenn wir um 5 Uhr vor Ort sein wollten. Es lohnte sich also nicht besonders, nach dem Service ins Bett zu gehen. Wenn wir am Vormittag aus Straßburg zurückkamen, ging es in der Küche weiter. Geschlafen haben wir in der Mittagspause, oder, wenn wir zu zweit gefahren sind, auf dem Beifahrersitz. Das war körperlich sehr anstrengend, aber wir hatten keine andere Wahl. Den „Rungis express", der sich nach den legendären Pariser Markthallen benannt hat und später die deutsche Top-Gastronomie beliefern sollte, gab es noch nicht. Mit den Jahren wurde das Angebot auf dem Frankfurter Großmarkt besser, vor allem eine Alternative für Gemüse, Salate, Beeren, Kräuter und Blumen.

Für Adalbert Schmitt waren die „Schweizer Stuben" ein Hobby, das er so erfolgreich gestalten wollte wie alles, was er tat. Er hatte in Bettingen bei Wertheim einen Tennisklub gegründet und spielte, so oft es ging.

Natürlich besaß der Verein eine erfolgreiche Mannschaft. Schmitt unterstützte den Fußballklub, damit er mit guten Spielern den Aufstieg schaffte. Schmitts Erfolge beruhten nicht nur auf seinen finanziellen Mitteln, sondern auch auf seinem exzellenten Gespür für Menschen. Das galt in seiner Firma, die damals von sehr fähigen Geschäftsführern geleitet wurde ebenso wie in den „Schweizer Stuben", wo er mit meinem Bruder und mir zwei junge Köche engagiert hatte, die vor Ehrgeiz brannten. Dazu kam später sein Sohn Andreas, der sich als seine rechte Hand und Weinfachmann um vieles kümmerte.

Schmitt ließ uns viele Freiheiten, was ihn aber nicht davon abhielt, sich mit uns morgens um 10.30 Uhr zu regelmäßigen Besprechungen zu treffen. Ich trank eine Tasse Kaffee oder ein Wasser, Adalbert Schmitt genoss einen fränkischen Silvaner und entwarf uns sein Traumbild von einem Restaurant. Geld war in den Anfangsjahren der „Schweizer Stuben" kein Thema für ihn, denn seine Kunststofffabrik lief erstklassig. Ich vermute, dass er die Verluste, die das Restaurant in den ersten Jahren machte, sogar steuerlich absetzen konnte.

So gut unsere Arbeitsbedingungen waren, es gab auch ein paar Einschränkungen. Wenn Schmitt nicht gerade durch Italien tourte, war er gern in Lenzerheide, in Graubünden. Deshalb sollten wir neben unserem Gourmetrestaurant noch ein rustikales Lokal, den „Schober" bekochen, in dem es typische Schweizer Küche gab. Dazu gab es neben den beiden Restaurants ein Hotel, klein und fein; Besucht von vielen Paaren, die – so schien es – nicht immer verheiratet waren. Damals hatte das noch etwas Anstößiges. Auch mit dem Hotel wollte Schmitt Maßstäbe setzen, was unter anderem bedeutete, dass mein Bruder und ich uns Gedanken über das Frühstück machen sollten. Mit der einfachen Brötchen-Marmelade-Wurstplatte-Müsli-Nummer sollte das nichts zu tun haben. Der Gourmet-Besuch in den „Schweizer Stuben" sollte bereits am frühen Morgen mit einem Paukenschlag beginnen. „Meine Herren, Sie sind gefordert", gab Schmitt wieder einmal als Motto aus.

Also machten wir uns ein paar Gedanken, die wir natürlich selbst umsetzen durften. Die Nächte von Freitag auf Samstag und von Samstag auf Sonntag waren deshalb immer besonders kurz. Unsere Idee war es, zum Frühstück verschiedene Delikatessen anzubieten, jeweils in kleinen Portionen: Müsli und Melonencocktail füllten wir in kleine Gläser, es gab Gänseleberterrine, eine kleine Schale Bündner Gerstensuppe als Verbeugung vor Schmitts Liebe zur Schweiz, wir machten Wachtelrührei mit Trüffel und Variationen vom Lachs, mal geräuchert, mal gebeizt. Dazu gab es Schinken aus Italien und Käse aus Frankreich. Es war ein spektakulärer Start in den Tag. Schnell war das Hotel für sein Gourmet-Frühstück berühmt.

Unsere Anstrengungen in den „Schweizer Stuben" wurden von den Kritikern des Michelin schneller honoriert, als wir uns das erhofft hatten. Bereits 1974 erhielten wir den ersten Stern. Damals war die Bekanntgabe noch kein so mediales Ereignis wie heute. Wir erfuhren eher zufällig davon, ich glaube, weil uns ein Journalist anrief, der uns zu diesem Erfolg befragen wollte. Patron Adalbert Schmitt war von der Nachricht begeistert. Erst gab er Champagner aus, dann verkündete er das neue Ziel: zwei Michelin-Sterne. „Meine Herren, Sie sind gefordert!" Aber eigentlich brauchten mein Bruder und ich keinen zusätzlichen Ansporn. Wir hatten so viel Spaß an der Arbeit, wir waren so ehrgeizig, wir wollten es immer noch besser machen. Für uns war klar, dass mit dem ersten Stern nicht Schluss sein durfte. Wobei es gar nicht so sehr um die reine Auszeichnung ging. Wie gesagt: Damals waren die Sterne oder die Punkte noch kein so großes Thema. Wir selbst wollten immer besser werden, wir waren so neugierig. Wir waren wie zwei Entdeckungsreisende, die immer weiter wollten. Je mehr Fortschritte wir machten, desto mehr neue Möglichkeiten gab es. Es war sehr faszinierend.

Gleichzeitig wurden wir von den Kollegen, aber vor allem von den Medien stärker wahrgenommen. Wir waren nun manchmal zu Gast im Fernsehen und im Radio, um Oster- oder Weihnachtsmenüs zu präsentieren. Im Vergleich zu den heutigen Kochshows war das sehr bescheiden, aber man kann sagen, dass wir zu den ersten gehörten, die vor einem so großen Publikum am Herd standen. Allerdings war es nicht einfach, zu kochen und gleichzeitig zu sprechen. Das waren wir nicht gewohnt. „Jetzt trinken Sie mal ein Glas Champagner", riet uns eine Redakteurin, „dann geht es gleich besser." Recht hatte sie. Auch Zeitungen schickten ihre Mitarbeiter, um uns zu interviewen.

Vor allem aber – und das war das Wichtigste – reisten nun auch Gäste aus größerer Entfernung an, um bei uns zu essen: aus dem Rhein-Main-Gebiet, aus Nürnberg und München. Die Bewertungen der professionellen Kritiker sind eine Sache. Über deren Urteil kann man sich freuen oder ärgern. Viel wichtiger ist, wie die Gäste das Restaurant beurteilen: Kommen sie wieder oder belassen sie es bei einem einmaligen Besuch, weil sie nicht zufrieden waren? Um diese Frage geht es. Bleiben sie weg, weil es ihnen nicht geschmeckt hat? Weil sie es zu teuer fanden? Den Service zu steif oder zu unaufmerksam? Ich habe mich immer daran orientiert, was die Gäste sagen – das war mir meist wichtiger als das Urteil der Kritiker, und damit bin ich gut gefahren.

In den „Schweizer Stuben" wurden Fisch und Fleisch à la minute gebraten. Wir bereiteten alles auf den Punkt genau zu, nichts wurde dem Zufall überlassen, alles musste perfekt sein. Unsere Rezepte waren klassisch geprägt und anspruchsvoll. Es gab Wachtelterrine mit Gänseleber, Hechtklößchen in Weißweinsoße und Wildschweinfrischling in Burgunder – diese drei Gerichte erwähnte der Michelin 1974, als er uns den ersten Stern verlieh.

Wir legten viel Wert darauf, dass die Gerichte schön angerichtet waren. Ich nahm mir jeden Teller einzeln vor. Das Fleisch musste richtig angeschnitten sein, die Soße perfekt verteilt, Kräuter dienten der Verzierung und verliehen Frische. Wir achteten auf die Farben, die Gerichte sollten strahlen. Ästhetisch gestaltete Teller sind so wichtig! Auch das war damals neu. Bevor die Einflüsse der französischen Hochküche nach Deutschland kamen, sahen die Teller hierzulande meist sehr schlicht aus: auf der einen Seite das Fleisch, darauf die Soße, daneben die Beilagen. Keine Verzierung, keine überlegte Anordnung.

Da wir nicht nur für die „Schweizer Stuben", sondern auch für den rustikalen „Schober" kochten, mussten die Gäste manchmal länger warten. Ein Menü am Sonntagmittag konnte leicht bis 16 Uhr dauern. Heute wäre das Gästen kaum noch zuzumuten, doch damals galt es als Ausdruck von großer Genussfreude, wenn zwischen den Gängen eine längere Pause herrschte. „Wir haben gegessen wie bei den Franzosen" sagten manche, obwohl es in Frankreich nie so lange Wartezeiten zwischen den Gängen gab.

Unsere Anstrengungen wurden belohnt. 1977 erhielten wir in Wertheim den zweiten Michelin-Stern, damals Höchstbewertung in Deutschland. Wir hatten es geschafft – vorerst. Herr Schmitt hatte die gute Nachricht morgens in den Nachrichten gehört und kam sofort zu mir nach Hause. „Wir haben den zweiten Stern!", jubelte er. Es wurde richtig gefeiert, Champagner satt. Doch seine überschwängliche Freude währte nicht lange, schon peilte er den nächten Stern an. „Meine Herren ..."

Der zweite Stern machte uns deutlich bekannter. In der Öffentlichkeit wurde immer stärker wahrgenommen, was wir in Wertheim erreicht hatten. Wir gehörten zu den besten Köchen des Landes. Sogar im Bundespräsidialamt war man auf uns aufmerksam geworden. Eines Tages klingelte das Telefon, am anderen Ende meldete sich die Villa Hammerschmidt in Bonn – der Amtssitz des Bundespräsidenten. Wir waren verblüfft, denn damit hatten wir nun gar nicht gerechnet. Bundespräsident Walter Scheel bat uns, so teilte uns ein Herr aus der Protokollabteilung mit, bei einem großen Diplomatenessen zu kochen. Das deutsche Staatsoberhaupt hatte allerdings eine Vorgabe: „Bitte verwenden Sie nur deutsche Produkte." Für das Essen dachte ich mir ein neues Rezept aus: eine Roulade aus Zander und Lachs. Volltreffer. Die Diplomaten und anderen wichtigen Damen und Herren waren sehr angetan. Auch ich mochte das Gericht, war aber der Meinung, dass ich es noch verfeinern könnte. Zuhause in Wertheim probierte ich neue Varianten. Die Lösung war der St. Pierre, auch als Petersfisch bekannt, mit ihm schmeckte das Gericht noch besser und kam sofort auf unsere Karte.

Das Essen in der Villa Hammerschmidt war ein großer Erfolg und für uns eine Bestätigung: Die deutsche Hochküche galt wieder etwas! Man wusste, sie hatte mehr zu bieten als Sauerbraten, Eisbein und Knödel. Wir konnten beweisen, dass wir uns entwickelt hatten und in der Lage waren, mit den großen Kochnationen der Welt mitzuhalten. Heute mag das selbstverständlich klingen. Meine jungen begabten und fleißigen Kollegen sind weltweit anerkannt. Wir haben es heute geschafft, dass Franzosen und Schweizer in unsere Restaurants kommen, weil sie dort modernere, originellere und günstigere Gerichte essen als bei sich zu Hause. In den 1970er-Jahren mussten wir uns diese Anerkennung hart erkämpfen. Das Essen in der Villa Hammerschmidt war dabei ein wichtiger Schritt.

Auch später habe ich für hochrangige Politiker kochen dürfen, unter anderem für den Bundeskanzler Gerhard Schröder und seine Nachfolgerin Angela Merkel. Schröder traf ich bei einer Kunstausstellung in Köln. Er war so hemdsärmelig, wie ich ihn mir vorgestellt hatte. „Kocht mal los, Jungs", rief er uns zu, nachdem er alle mit Handschlag begrüßt hatte. Am Schluss hielt er eine kurze Rede, in der er neben den ausgestellten deutschen Malern auch uns Köche lobte: „Herr Müller, für mich sind Sie ebenfalls ein Künstler." Das hört man gern vom Kanzler.

Weniger begeisterungsfähig zeigte sich Frau Merkel, die ich in der Komischen Oper Berlin zusammen mit etlichen Kollegen verköstigte. Bei der Veranstaltung war vorgesehen, dass Alfons Schuhbeck ihr eine Schürze umbindet, sie sollte uns spielerisch unterstützen. Daraus wurde aber nichts. „Das mit der Schürze lassen Sie mal sein", erklärte sie. „Mein Platz ist nicht in der Küche." Dann war sie auch schon weg. Immerhin: Von dem Linsengemüse zum Müritz-Lamm, das ich vorbereitet hatte, ließ sie sich dreimal etwas bringen.

Heute ist es auch selbstverständlich, dass bei offiziellen Anlässen deutscher Wein ausgeschenkt wird. In den 1970er-Jahren war das nur bedingt der Fall. Die Qualität des deutschen Rotweins war noch stark entwicklungsfähig. Bei den Rieslingen gab es zwar gute Weine, aber vor allem im edelsüßen Bereich: Auslesen, Beerenauslesen, Eisweine. Viele schmecken heute, viele Jahrzehnte später, immer noch beeindruckend. Doch guter trockener Weißwein war damals schwer zu finden. Die Winzer verlangten ihren Rebanlagen hohe Erträge ab. Die Konzentration der Weine war bescheiden, aber es war ein prima Geschäft. Weil es lukrativ war, bestockten die Winzer mit ihren Reben auch Flächen in der Ebene, die sich besser für den Getreideanbau geeignet hätten. Als Begleitung zu einem Essen taugten viele der Weine aus diesen Lagen nicht. Oft waren sie dünn und süßlich.

Pioniere trockener Weine wie Franz Keller aus Oberbergen gehörten zur „Naturwein"-Bewegung, die für Weine ohne Restzucker kämpfte. Vielen galten sie jedoch als absolute Spinner, sie waren Exoten. Wer in Deutschland trockenen Weißwein trinken wollte, griff zu französischen Gewächsen. Es war die große Zeit des elsässischen Edelzwickers, einem herben Wein, der in jede alternative Wohnküche gehörte. Heute hat sich der deutsche Wein in der internationalen Spitze etabliert und wird bei gehobenen Ereignissen gereicht. Oft sind die internationalen Gäste verblüfft, wie gut die Weißen und Roten sind. Inzwischen schreiben sogar französische Weinzeitschriften große Artikel über deutschen Wein. Die „Revue du vin de France" überschrieb im Frühjahr 2014 einen Artikel mit dem hymnischen Titel: „Das flüssige Gold von der Mosel". Nicht nur wir Köche haben viel erreicht, auch die deutschen Winzer.

DER KRITIKER KOMMT ZU BESUCH

Mitte der 1970er-Jahre waren die deutschen Restaurantkritiker auf meinen Bruder und mich aufmerksam geworden. Gert von Paczensky in „essen & trinken", Wolfram Siebeck im „Stern" und in der „Zeit" sowie Klaus Besser, der unter anderem Chefredakteur des Gewerkschaftsblattes „Welt der Arbeit" war, schrieben über deutsche Spitzenlokale und die Kochkultur im Land. Sie trugen wesentlich dazu bei, dass die Nouvelle Cuisine in Deutschland bekannt wurde und begründeten eine für Deutschland neue Art des Journalismus. Gastrokritiken hatte es bis dato nicht gegeben. Über was hätte man in den 1960er-Jahren auch schreiben sollen?

Ich erinnere mich gut an den ersten Besuch von Klaus Besser in Wertheim, das war 1974 oder 1975. Er reservierte einen Tisch unter seinem Namen, bei uns begann das große Zittern, denn wir wollten uns von unserer besten Seite zeigen. Wir hatten Besser noch nie gesehen, kannten nur seine Artikel. Er kam mit seiner Frau, die wie viele Gattinnen großen Einfluss auf das Urteil ihres Mannes hatte. Die beiden aßen ausführlich und verließen das Lokal. Leider ohne jeden Kommentar.

Besser publizierte im Gesellschaftsmagazin „Esquire", gründete sein eigenes „Gourmetjournal", das später „VIF" hieß und schließlich im „Feinschmecker" aufging. Er war ein umtriebiger Mann, der uns oft besuchte und dann weit weniger einsilbig war als bei seiner ersten Visite. Er mochte, wie wir kochten. Einmal nahm er uns kurz beiseite: „Sie sind die Besten in Deutschland, Glückwunsch." Das war eine Aussage, die uns genauso überraschte wie erfreute. Damit hatten wir nicht gerechnet. Als Klaus Besser 1979 zum ersten Mal seine Koch-Rangliste vorlegte, belegten wir den ersten Platz – vor Eckart Witzigmann. Adalbert Schmitt jubelte, Jörg und ich freuten uns eher verhalten. Wir respektierten Witzigmanns Leistung im „Tantris" sehr. Für Besser waren wir „die Wunderknaben von Wertheim". Ein Spitzname, der uns lange Zeit begleitet hat.

In den 1970er-Jahren lernten wir auch Gert von Paczensky kennen. Ein gestandener Journalist, der das TV-Magazin „Panorama" mitentwickelt hatte und für seine harten Recherchen und seine kritische Berichterstattung bekannt war. Damals war er Chefredakteur von Radio Bremen, teilweise moderierer er die Talkshow „drei nach neun". Paczensky aß nicht nur gern, er war auch ein großer Champagner- und Cognacfan. Seine Bücher dazu sind Standardwerke geworden. Gert von Paczensky und Adalbert Schmitt mochten sich nicht besonders gern. Schmitts „Hoppla, jetzt komm ich"-Mentalität und seine Unternehmer-Attitüde behagten dem Kritiker nicht, so mein Eindruck. Zumal er – genau wie Besser und Siebeck – sich politisch eher links orientierte. Alle drei arbeiteten für Zeitungen oder Sender, die den Sozialdemokraten nahestanden, Besser war sogar Gewerkschaftsmann. Damals gab es diese Einsortierung noch: hier die „Sozis", dort die Konservativen. Ob es Zufall war, dass die bedeutenden Restaurantkritiker zur linken Seite des politischen Spektrums tendierten? Vielleicht waren sie für das Neue besonders offen. Nouvelle Cuisine bedeutete Veränderung und Aufbruch.

Auch Wolfram Siebeck, der dritte große deutsche Restaurantkritiker dieser Zeit, hat meine Arbeit eng begleitet. Er schätzte die Aromen, den Duft und die Leichtigkeit meiner Gerichte. Er mochte die kunstvolle Art, wie ich Teller anrichte. Siebeck selbst war künstlerisch interessiert und begabt, seine berufliche Laufbahn hat er unter anderem als Satiriker beim „Stern" in Hamburg begonnen. Sein Schreibstil war großartig, pointiert, witzig, treffend. Kurz vor meinem Abschied aus Wertheim kam er noch einmal zu uns, um unsere Küche zu genießen. Das habe ich als große Anerkennung empfunden. Selbstverständlich musste Wolfram Siebeck, wie alle Testesser, bei uns bezahlen. Es ist immer die strittige Frage unter Köchen, ob man Kritiker einladen soll oder nicht. Ich habe das nicht getan, weil ich es für das sauberste Vorgehen halte. Aber klar, auch wir haben manchmal einen Extragang serviert, als Aufmerksamkeit oder weil wir ein Gericht zeigen wollten, das nicht bestellt worden war. Andere Köche laden die Tester ein. Das muss jeder selbst entscheiden. Für mich war die Klarheit immer der bessere Weg.

Siebeck war besessen vom Wunsch nach dem ganz außergewöhnlichen Geschmackserlebnis. Dabei war er nicht nur in der Hochküche unterwegs. Die Bistrots von Lyon und die Weinstuben von Straßburg waren ihm so vertraut wie die Drei-Sterne-Lokale von Paris. Eine Andouillette oder eine Blutwurst konnten ihn genauso begeistern wie ein Stück Steinbutt oder eine getrüffelte Gänseleber, oder zumindest fast genauso. Siebeck war ein Fanatiker des guten Geschmacks. Er betonte gern, den Gegenwert eines Eigenheims verspeist zu haben. Und vertrunken. Das stimmte sicherlich, vor allem unterstrich es seine antibürgerliche Haltung. Von wegen Sparsamkeit und Vorsorge für ein ungewisses Morgen! Der Genuss zählt, jetzt, am besten in guter Gesellschaft. Das war eine sehr beeindruckende Haltung, wenngleich er wohl die Kosten für viele Menüs und Weine von seinen Auftraggebern erstattet bekam. Bei seinen Restaurantbesuchen hat sich Siebeck einen enormen Wissensschatz erworben. Weil er die Techniken kennt und weiß, wie manche Gerichte schmecken sollen, kann er auch die Leistung einer Küche fair beurteilen. Ich schätze ihn sehr.

Das intellektuelle Erfassen einer Speise ist nicht alles. Das Verständnis für die Techniken reicht nicht. Tester müssen Genießen können. Ob alle Tester dazu in der Lage sind? Ich bin mir nicht ganz sicher. Es gibt immer wieder Moden, die plötzlich aufkommen und zu schnell zum Maßstab werden. Erinnert sich noch jemand an die Molekularküche? An die Aufregung über Schäume und „Curryluft" und den großen Wunsch, Gerichte und Zutaten auseinanderzunehmen und wieder neu zusammenzusetzen? Wer nicht mit dem Eis-Syphon hantierte und daraus einen Schaum sprudeln ließ, galt als altmodisch.

Andere Tester spezialisieren sich darauf, ein Essen vor allem aufgrund seiner verschiedenen Texturen zu bewerten: weich, fest, knusprig, zart, hart, saftig, bissfest, cremig und so weiter. Anscheinend gibt es einen Geheimcode, nach dem ein Urteil über ein Gericht gefällt wird. Ich habe diese Formel nie geknackt. Für mich wirkt sie wie eine schwerfällige Hilfskonstruktion, um überhaupt zu einem Urteil zu kommen. Es ist doch klar, dass ein Gericht aus verschiedenen Komponenten besteht, die passen müssen. Jede gute Hobbyköchin streut ein paar Croutons über die Kartoffelsuppe, weil dadurch mehr Spannung entsteht. Aber wenn ich einen pochierten Fisch habe, muss ich nicht zwanghaft etwas Knuspriges dazu servieren. Nicht nur Gegensätze können ein Gericht perfekt machen, auch Harmonie erfüllt oft diesen Anspruch.

Selbst wenn ich mich nicht darüber beschweren kann, wie ich von den Kritikern bewertet worden bin, so gibt es doch Erlebnisse, die mich an der Lauterkeit mancher Tester zweifeln lassen. Einige sind schlicht ziemlich eitel und finden, sie sollten im Mittelpunkt des Interesses stehen und nicht der Koch oder das Restaurant. Wie anders sind sonst Marotten wie die permanente Begleitung durch einen Hund zu erklären? Jener testende Tierfreund, an den ich denke, besuchte uns in Lerbach, wo eigentlich Hundeverbot im Lokal herrschte. Meine Frau und ich haben selbst einen Hund, ich mag die Tiere gern. Aber sie haben in einem guten Restaurant einfach nichts zu suchen, allein aus Respekt vor den anderen Gästen, die vielleicht Angst vor den Tieren haben. Zudem bellen die meisten Hunde hin und wieder und manchmal riechen sie streng. Aber zurück zu dem Tester, den meine Frau immer geschickt in einem Nebenraum unterbrachte, wo der vierbeinige Begleiter nicht auffiel. Der Mann war uns meist wohlgesonnen, vielleicht glaubte er deshalb, mir ein großes Geheimnis anvertrauen zu können. „Herr Müller, ich muss wirklich sagen, Ihre Gänseleber ist ausgezeichnet." Dann machte er eine verschwörerische Pause. „Mein Hund mag sie auch ausgesprochen gern." Das Schlimme ist: Ich fürchte, er meinte das ernst. Mir fiel dazu nichts ein. Angesichts dieser Absurdität verfiel ich in lautes Lachen.

Ein spezielles Erlebnis hatte ich in Lerbach mit dem damaligen Chef eines bekannten Restaurantführers. Zusammen mit zwei seiner Kollegen unterhielt er sich laut über andere Lokale und wie sie diese bewerten wollten. Dabei floss jede Menge Wein, meckern macht offenbar durstig. Generell freut man sich als Gastronom darüber, wenn ordentlich Wein bestellt wird, aber an diesem Tisch gab es etwas zu viel davon. Also wurden die Herren immer lauter und mitteilsamer. Die Gäste bekamen große Ohren und mein Maître und ich langsam einen dicken Hals. So eine Belästigung durch Indiskretionen gehört sich in einem Drei-Sterne-Lokal nicht.

Doch mit diesem Auftritt nicht genug. Am Schluss wollte mich der Tester persönlich sprechen. Ohne Begeisterung ging ich zu dem Tisch. Die Beschwerde ließ nicht auf sich warten. Es ging aber nicht um das Essen. Vielmehr hätten wir als Restaurant in einer Einladung zu einer Veranstaltung zwar unsere Top-Bewertungen vom Michelin und Gault Millau erwähnt, aber nicht das ebenfalls sehr gute Urteil des anderen Führers. „Das scheinen Sie nicht nötig zu haben", wurde ich gemaßregelt. „Aber wir können auch anders." Dazu habe ich gar nichts gesagt. In meinem Restaurant habe ich nie mit Gästen gestritten. Bei der Lektüre der nächsten Ausgabe des betreffenden Gastro-Buches wusste ich, was der Chefredakteur mit seiner Drohung gemeint hatte, denn wir wurden herabgestuft. So viel zur Objektivität mancher Restaurant-Tester.

Aber eines ist mir dabei wichtig: In Deutschland hat sich eine Kultur der kulinarischen Kritik entwickelt, die noch vor ein paar Jahrzehnten undenkbar gewesen wäre. Viele fachlich beschlagene Journalisten und Kritiker machen einen klasse Job. Es gibt – wie bei uns Köchen – echte Könner, aber auch ein paar Wichtigtuer. Letztendlich hat die positive Berichterstattung zum Erfolg der deutschen Küche beigetragen.

Noch einmal kurz zurück zu Wolfram Siebeck, einem der Gründervä- ter der gastronomischen Reportage in Deutschland. Siebeck hat nicht nur über Restaurants geschrieben, er hat auch viele Rezepte veröffent- licht. Dabei spielt es keine Rolle, dass er diese nicht – bis auf einen kleinen Teil – selbst entwickelt hat. In seinen exzellent geschriebenen Kolumnen im ZEIT-Magazin und in seinen Kochbüchern hat er einer breiten Öffentlichkeit viele Klassiker, vor allem der französischen Küche, nahegebracht: Estragon-Huhn, Lammrücken, Kaninchen mit Backpflaumen, Apple Crumble, Gurkensuppe mit Lachs. Siebeck hat die Vorzüge der Niedrigtemperatur-Methode beschrieben, als viele davon noch nie gehört hatten. Er hat seine Leser – und das waren viele – dazu ermuntert, Fisch nicht durchzubraten, sondern im Kern glasig zu lassen, als das noch als gewagt und exotisch galt. Heute ist es eine Selbstverständlichkeit. Aber in Deutschland bestand zu jener Zeit ein großer Nachholbedarf an kulinarischer Bildung. Siebeck hat geholfen, ihn zu decken.

Weil sich Siebeck nicht nur als Kritiker, sondern in gewisser Weise auch als Koch verstand, lud er eines Tages eine Reihe von Spitzenköchen zu sich nach Hause ein. Das hatte sich davor kein Kritiker getraut. Im Rahmen einer Fernsehreportage bat er etliche Kollegen aus Europa ins badische Mahlberg, wo er in einer alten Burganlage wohnte. Zusammen mit seiner Frau Barbara kochte er in seiner gut ausgestatteten Privatküche mehrere Gänge, die ausgezeichnet schmeckten. Nein, einen Stern hätte er sich damit nicht erarbeitet, aber das Essen war wunderbar. Dabei ging es in der Küche zwischen den Eheleuten durchaus lautstark und energisch zu. Siebeck kannte den Stress in der Küche.

Mindestens genauso gut wie das Mahl waren die Weine, die er kredenzte. Wolfram Siebeck hat einen exzellent bestückten Keller, aus dem er großzügig Schätze anbot. Er liebt Weine aus Frankreich, Bordeaux und große Burgunder, auch der seltene und sehr teure Château Rayas von der südlichen Rhône hat es ihm angetan – er ließ uns ausgiebig an seinen Schätzen teilhaben. Von Geiz keine Spur. Es wurde ein sehr fröhlicher Abend, bei dem ich Siebeck einige Male in sein Gewölbe begleiten durfte.

Meine Zeit in Wertheim war nicht nur von der Arbeit geprägt, sondern auch von der Begegnung mit meiner Frau Birgit, die ich beim Polterabend meines Bruders kennenlernte. Das war im November 1973, ich war damals Mitte zwanzig. Bis dahin hatte ich kaum Zeit für Freundinnen gehabt. Kochen hatte absolute Priorität und zwar meist an sechs Tagen die Woche, jeweils zwölf oder vierzehn Stunden. Die Frau meines Bruders war mit Birgit befreundet, so hatten wir uns schon mal gesehen. Beim Polterabend verbrachten wir dann etwas Zeit zusammen. Schnell war ich ziemlich verliebt und sie zu meinem Glück auch.

Als sie etwas später ihre Ausbildung an der Hotelfachschule „Speiser"
am Tegernsee absolvierte, nutzte ich fast jeden freien Tag, um sie zu
besuchen. Oft stieg ich am Sonntagabend gegen 23 Uhr in meinen
VW-Porsche, um die 370 Kilometer nach Bayern in Angriff zu nehmen. Ein Wunder, dass dabei nie etwas passiert ist. Zum einen, weil ich
es eilig hatte und entsprechend schnell unterwegs war, zum anderen,
weil ich manchmal so müde war, dass ich das Fenster runterkurbelte
und meinen Kopf in den Fahrtwind hielt, um nicht einzuschlafen. Im
Jahr 1984 haben wir in Wertheim, in der Nähe des Restaurants, gebaut.
Unser erster Sohn, Sebastian, war drei Jahre alt, der zweite, Oliver,
sollte im gleichen Jahr geboren werden.

Wir hatten in Wertheim viel erreicht: Das Restaurant lief gut, wir
hatten treue Stammkunden, viele nahmen lange Fahrten auf sich, um
bei uns zu essen, die Bewertungen in den meisten Führern waren
exzellent. Doch eins fehlte uns: der dritte Michelin-Stern. In der
Rückschau mag diese Fixierung übertrieben erscheinen, aber angetrie-
ben durch Adalbert Schmitt sahen wir in dieser Auszeichnung das
entscheidende Ziel, die ultimative Bestätigung. Dieser dritte Stern war
so etwas wie der Meistertitel, den wir unbedingt gewinnen wollten.
Doch der dritte Stern kam nicht.

DIE ZEIT ALLEIN

Ich weiß nicht, ob es am Ausbleiben dieses Erfolgs gelegen hat oder einfach am Unternehmergeist meines Bruders: Auf jeden Fall verabschiedete sich Jörg 1982 ohne langes Federlesen aus Wertheim. Adalbert Schmitt war von seiner Entscheidung so überrascht wie ich. Ich hatte keine Ahnung gehabt. Eine gewisse Unzufriedenheit hatte ich bei Jörg festgestellt, aber nicht damit gerechnet, dass er Wertheim verlassen würde – schon gar nicht so schnell. „Ich möchte mich auf Sylt selbständig machen", so seine knappe Begründung. Ich verstand gar nicht, was er auf Sylt wollte, einem Eiland im Meer, hoch im Norden. Damals war die Insel nicht so berühmt wie heute, die große touristische Entwicklung sollte erst noch kommen. Seine mutige Entscheidung hat sich für Jörg ausgezahlt. Er hat viele Jahre sehr erfolgreich auf der Insel gearbeitet und viel für ihre kulinarische Entwicklung getan, jahrelang trug sein Restaurant zwei Michelin-Sterne. Übrigens hat sein zügiger Weggang aus Wertheim unser Verhältnis nicht belastet. Heute ist Sylt ein Gourmet-Treffpunkt. Seit Jahren hat sich dort auch meine Schwester Verena und ihre Familie mit ihrem Hotel-Restaurant „Fitschen am Dorfteich" in Wenningstedt mit ihrer feinen, bodenständigen Küche etabliert.

Jörgs Entscheidung stellte sowohl Adalbert Schmitt als auch mich vor eine nicht unerhebliche Herausforderung. Mein Bruder und ich waren ein sehr eingespieltes Team, das nun auseinanderbrach: Jörg hatte sich um die Organisation, das Personal und hauptsächlich die Vorspeisen gekümmert. Ich war zuständig für Fisch, Fleisch, Soßen. Für Adalbert Schmitt war aber schnell klar, wie es weitergehen sollte. „Herr Müller, bitte übernehmen Sie die alleinige Verantwortung in den Schweizer Stuben", sagte er zu mir. „Sie sind mit dem Haus vertraut, Sie können das. Ich vertraue Ihnen."

Ein klein wenig habe ich schon gezuckt, aber ich habe es mir zugetraut, das Restaurant nicht nur weiter auf seinem hohen Niveau zu führen, sondern es noch besser zu machen. Stimmt, damals war ich erst 33 Jahre alt. Manch ein Akademiker ist da fast noch Berufsanfänger während ich schon 18 Jahre Erfahrung besaß. Und mir kam zugute, dass wir in

Wertheim eine tolle Mannschaft beisammenhatten. Ohne ein gutes Team ist man als Küchenchef aufgeschmissen, in einer so speziellen Situation merkt man das ganz besonders.

Damals war unter anderem Karl-Josef Fuchs in Wertheim. Später sollte er das familieneigene Hotel-Restaurant „Spielweg" im südbadischen Münstertal erfolgreich führen. Für die Patisserie war der später als Fernsehkoch berühmt gewordene Johann Lafer zuständig. Sous-Chef war Hans-Stefan Steinheuer, ein sehr begabter, ehrgeiziger junger Koch, der später zu den Besten seines Fachs zählen sollte, und der bis heute eine unübersehbare Erinnerung an Wertheim hat – eine fehlende Fingerkuppe. Das kam so: Adalbert Schmitt war nicht nur ein Feinschmecker vor dem Herrn, er war auch ungeduldig – sehr ungeduldig. Er ließ sich sein Essen am liebsten vor dem allgemeinen Service anrichten, gegen 18 Uhr. Besonders gern mochte er Rindertartar. Eines Tages kam er in die Küche und rief reichlich erbost: „Wo bleibt mein Essen? Geht das endlich mal los?" Hans-Stefan Steinheuer beeilte sich, schnappte den Fleischwolf und baute ihn zusammen – leider nicht richtig. Steinheuer ließ das schiere Rindfleisch durch, zum Schluss wollte er die Scheibe mit dem Finger abstreichen. Weil die Scheiben falsch zusammengeschraubt waren, geriet sein Finger in den Wolf.

„Herr Müller, kommen Sie schnell", rief ein Koch. „Der Steinheuer hat sich verletzt." Steinheuer saß tapfer auf einem Stuhl, Blut tropfte aus seinem verbliebenen Fingerstumpf. „Wo ist die Kuppe?", fragte ich einen Koch. „Einsammeln und sofort in die Klinik fahren." Ich lief wütend zu Schmitt. „Der Steinheuer hat sich bei der Zubereitung Ihres Tartars einen Finger halb abgeschnitten. Aber wir machen Ihnen sofort ein neues Tartar!" Schmitt war so schockiert wie wir. Blass und mit einem schlechten Gewissen verließ er seinen Tisch im „Schober". Tags drauf entschuldigte er sich für sein Verhalten und teilte mir mit: „Für mich bitte kein Tartar mehr."

Für mich war Steinheuers Unglück ein schwerer Schlag. Mein Bruder weg, mein Sous-Chef für mehrere Wochen außer Gefecht, mein Ärger über Adalbert Schmitt wegen seiner Ungeduld. Es lief wirklich schlecht.

„Langsam kann ich nicht mehr", sagte ich am Abend zu meiner Frau. Die stärkte mir jedoch den Rücken. „Dieter, das wird schon wieder." Mir fehlte der rechte Glaube an eine Wende zum Guten. Ein paar Tage trug ich mich ernsthaft mit dem Gedanken, in Wertheim hinzuschmeißen, bis mir klar wurde, dass das eine große Niederlage für mich bedeuten würde: Es sähe so aus, als schaffe ich es ohne Jörg nicht. Den Eindruck wollte ich dringend vermeiden! „Komm, reiß dich zusammen", sprach ich mir selbst Mut zu. „Jetzt musst du beweisen, dass du es kannst." Langsam kehrte mein Schwung zurück. Zum Glück habe ich mich damals von den Nackenschlägen nicht entmutigen lassen. Zwei Monate später wurde ich vom Gault Millau zum „Koch des Jahres" ernannt, eine große Auszeichnung, die opulent gefeiert wurde. Das Blatt hatte sich wieder zu meinen Gunsten gewendet.

Als Chefkoch stand ich nicht nur am Herd stärker unter Feuer. Ich war auch als Ansprechpartner für die Gäste wichtiger geworden. Bisher hatte mein Bruder am Abend oft die obligatorische Restaurant-Runde gemacht, nun war ich am Zug. Meistens ist das ein angenehmes Ritual, denn die meisten Gäste sind zufrieden. Man plaudert etwas, darf sich loben lassen, wünscht einen schönen Abend. Alles gut. Doch manchmal ist es eben genau das Gegenteil. Wie an jenem Samstagabend, an dem das Lokal wie üblich bis auf den letzten Platz besetzt war. Leicht genervt kam unser Sommelier zu mir in die Küche. „Chef, wir haben einen Gast, dem können wir heute gar nichts recht machen." Ich hatte mich schon gewundert. Die meisten Teller, die zurück in die Küche kommen, sind komplett leer gegessen, die Soße noch mit einem Stück Brot aufgestippt. Ich liebe das. Etikette hin oder her: Für einen Koch gibt es nichts Schöneres als zu sehen, dass es den Gästen richtig gut schmeckt. Dass sie nicht die kleinste Kleinigkeit zurückgehen lassen wollen. Doch der nörgelnde Herr, der auch bei uns im Hotel wohnte, ließ die Hälfte übrig. Ein schlechtes Zeichen.

Nach dem Service ging ich bei meiner Lokalrunde auch an seinen Tisch, ganz zum Schluss. Ich wollte erst hören, ob das Essen für die anderen

Gäste okay war. Vielleicht hatten wir einen schlechten Tag gehabt. Doch da passte alles, es gab reichlich Lob. Was war also mit dem Herren los? Viele Fragen musste ich nicht stellen. „Was hier abläuft, ist unglaublich", polterte der Mann los, Ende vierzig, gepflegt, Typ Geschäftsmann. „Das muss ich mir nicht bieten lassen, das Essen ist nicht gut. Ihre anderen Gäste haben keine Ahnung." Unter dem Tisch trat ihm seine Frau gegen das Schienbein. Das Essen an der Seite des schlecht gelaunten Mannes war wahrscheinlich kein Vergnügen gewesen, Lust auf weiteren Ärger hatte die Dame nicht. Ich versuchte einzulenken. „Tut mir leid, dass wir Sie heute Abend nicht zufriedenstellen konnten." Als ich wegging, murmelte er: „Ach, Sie Arschloch." Das hatte ich noch nie in meinem Restaurant zu hören bekommen. Adrenalin durchflutete meinen Körper, aber zum Glück blieb ich ruhig und ging zurück in die Küche. Zwischendurch hatte ich kurz den Impuls, noch einmal zurück zu gehen und den Herren gleich rauszuwerfen. Zum Glück habe ich das nicht getan. Ein Eklat im Restaurant ist scheußlich. Die Gäste kommen, um einen tollen Abend zu haben, nicht, um Zeuge von Streitereien zu werden.

Immerhin schienen den Pöbler nach seiner verbalen Attacke ein paar Gewissensbisse zu plagen, denn er wollte dem Servicepersonal 50 Mark Trinkgeld geben – der Kellner lehnte ab. Am anderen Tag teilte Adalbert Schmitt dem Gast mit, dass er bei uns im Haus nicht mehr willkommen sei. Der Betroffene vernahm es mit Fassung. Wenig später klärte sich auf, weshalb der Herr so ungehalten gewesen war. Unser Portier Willy, ein pensionierter Bäcker, der aushilfsweise bei uns arbeitete, berichtete beiläufig von einem Gast, der tags zuvor richtig sauer gewesen sei. „Der hat nach seiner Anreise Kaffee und Kuchen aufs Zimmer bestellt. Das wurde vergessen und er musste 45 Minuten warten. Da hat er getobt und gedroht: Am Abend kann die Küche was erleben." Tja, das hätte Willy uns etwas früher sagen sollen. Dann hätten wir uns bei dem Gast entschuldigt, er hätte ein Glas Champagner aufs Haus bekommen und alles wäre gut gewesen – Kommunikation, auch über vermeintliche Kleinigkeiten, ist so wichtig, wenn man die Gäste zufriedenstellen will!

Abgesehen von solch kleineren Vorfällen lief in Wertheim alles rund. Wir bekamen von den Gästen viel Lob. Ich verfeinerte meine Küche in dieser Zeit, Anfang der 1980er-Jahre, weiter. Als wir ein Jahrzehnt zuvor Jahren in Wertheim begonnen hatten, war die Nouvelle Cuisine neu in Deutschland gewesen. Damals ging es darum, Gerichte leichter und klarer zu machen. Aus dieser Phase stammt das Zerrbild, das manch einer von dieser Schule gerne zeichnet: Auf dem Teller liegt eine einsame Möhre und ein kleiner Happen Fleisch – das soll Kochkunst sein? Nein, das war es natürlich nicht. Zehn Jahre nach ihren Anfängen hatte sich die Hochküche deutlich weiter entwickelt. Es ging nicht mehr um Purismus, sondern um Finesse und Kreativität. Wir wollten ungewohnte Verbindungen herstellen, ohne den Gast zu verstören. Die Basis war die französische Küche, aber wir nutzten auch Einflüsse aus Italien. Nun also entwickelte ich in Wertheim viele Gerichte, die mich lange Zeit begleiten sollten, beispielsweise gefüllter Schweinefuß mit gebratener Gänseleber und Champagner-Kutteln mit Langustinos.

Doch so gut und konstant wir in den „Schweizer Stuben" arbeiteten, der lang ersehnte dritte Michelin-Stern blieb Jahr für Jahr aus. Langsam machte sich auch bei mir eine gewisse Unzufriedenheit breit. Ich wollte diesen Stern unbedingt haben. Dass es für mich in Wertheim fast unmöglich war, ihn zu erringen, sollte ich erst viele Jahre später erfahren. Da erzählte mir ein Michelin-Tester von seinem Abendessen mit meinem Bruder, einem Journalisten und Adalbert Schmitt in einem Pariser Drei-Sterne-Restaurant. Schmitt, selbstbewusst-vorlaut wie immer, hatte bei dieser Gelegenheit erklärt, sein Lokal in Wertheim sei genauso gut wie dieses berühmteste Restaurant in Paris. Die drei Sterne für die „Schweizer Stuben" seien also mehr als verdient. Leider schätzen die selbstbewussten Michelin-Tester diese Art von Eigenwerbung gar nicht. Noch weniger mögen sie es, vom Restaurant-Besitzer quasi genötigt zu werden, einen dritten Stern zu verleihen. „An Ihnen, Herr Müller, hat es nicht gelegen, dass die Schweizer Stuben nie einen dritten Stern bekommen haben", erklärte mir der Tester. In gewisser Weise hat mich diese Aussage im Nachhinein beruhigt. Und ich habe daraus gelernt, dass es manchmal besser ist, eine gewisse Bescheidenheit zu bewahren.

In den 1980er-Jahren waren die „Schweizer Stuben" in Wertheim zu einer festen Größe geworden, entsprechende Anerkennung inklusive. Der Gault Millau hatte das Restaurant 1982 mit 19 von 20 Punkten bewertet. Ein paar Jahre später, 1988, gab es sogar 19,5 Punkte – damit gehörte ich nach dieser Rangliste in die Riege der 16 besten Köche der Welt. Zuerst zusammen mit meinem Bruder, später als alleiniger Chef, war es mir gelungen, konstant auf sehr hohem Niveau zu kochen und dabei meinen eigenen Stil zu entwickeln, der sich neben den erwähnten Soßen durch Aromenreichtum, Leichtigkeit und Kreativität auszeichnete. Es waren große Jahre.

Die Basis meiner Arbeit war immer noch das, was ich beim großen Ernesto Schlegel in Bern gelernt hatte. Dessen „Schweizerhof" hat meine Art zu kochen nachhaltig beeinflusst. Das Wissen um die Produkte, der Umgang mit Fischen wie Steinbutt und Hummer, das Wissen um die überlegene Qualität von gereiftem Fleisch, die Kunst, Soßen zuzubereiten – in Bern hatte ich so viel gelernt! Bis heute bin ich Ernesto Schlegel dankbar. Wie wichtig diese Etappe in der Schweiz für mich war, ist mir erst viel später klar geworden. Schlegel besuchte mich ab und zu in Wertheim. Er war begeistert von unserer Küche und fragte mich nach meinen Rezepten. Welch große Anerkennung! Sein schönstes Kompliment war: „So wie du hätte ich auch gern gekocht."

Inzwischen war ich Anfang vierzig, wir hatten in Wertheim gebaut, unsere Kinder Sebastian, Oliver und Sophie waren dort geboren, die Familie meiner Frau lebte in unmittelbarer Nähe. Alles war darauf ausgerichtet, dass wir noch bleiben würden. Doch dann kam ich 1990 aus meinem Winterurlaub zurück und traf mich mit Adalbert Schmitt, um das Jahr zu besprechen. Reine Routine, dachte ich mir – und sollte mich täuschen. „Herr Müller, wir müssen sparen", kam Schmitt schnell zur Sache. „Deshalb müssen wir den Wareneinsatz etwas reduzieren." Das war für mich ein Tiefschlag.

Der Wareneinsatz – das muss ich erklären – ist jener Teil der Kosten an einem Gericht oder einem Menü, die sich durch den Einkauf ergeben. Wenn ich also für 100 Gramm Rinderfilet sechs Euro bezahle und pro

Portion 150 Gramm rechne, dann ist der Wareneinsatz neun Euro pro Person. In der Regel beträgt der Anteil des Wareneinsatzes in der Hochküche etwa 35 Prozent. In der „Schweizer Stuben" hatten wir im Jahr zuvor bei 28 Prozent gelegen. Ich war immer schonend mit den Ressourcen umgegangen, Verschwendung gab es nicht. Zum einen, weil ich so aufgewachsen war, aber auch, weil mir immer klar war: Ein tolles Gericht definiert sich nicht nur durch teure Zutaten. Anders ausgedrückt: Es ist keine große Kunst, üppig weißen Trüffel über ein Rührei oder Nudeln zu raspeln, aber es ist sehr teuer. Ist es raffinierte Hochküche? Ich finde, nein. Ich wollte immer beides: gute Produkte verwenden und sie raffiniert zubereiten. Und manchmal auch vermeintlich einfache Zutaten in ein Kunstwerk verwandeln, wie einen marinierten Kalbskopf mit Gartenkräutern auf bunten Linsen, einen Pot-au-feu von Krebsen oder einen gefüllten Kalbsschwanz mit Gemüseflan.

Ich wusste stets, dass auch die Hochküche den Gesetzen der Ökonomie unterliegt. Ein Restaurant sollte sich zumindest tragen. Jahr für Jahr rote Zahlen, das geht meist nicht lange gut. Das funktioniert nur in sehr speziellen Konstellationen. Wobei ich natürlich weiß, dass es immer Mäzene gab, die sich ein Toplokal als Hobby leisteten. Das war auch anfangs im „Tantris" mit Herrn Eichbauer nicht anders und das tolle „La Vie" in Osnabrück vom geschätzten Kollegen Thomas Bühner könnte wohl kaum funktionieren, wenn der Stahlunternehmer und frühere RWE-Chef Jürgen Großmann nicht seine Privatschatulle öffnen würde. In Wertheim waren die „Schweizer Stuben" isoliert betrachtet auch kein Gewinnbringer. Aber wir lockten Gäste an, die dann im Hotel wohnten, wo wir sie mit einem exquisiten Frühstück verwöhnten. Und wir hatten unser Zweitrestaurant, den „Schober". Die Gesamtbilanz stimmte. Neben den Ausgaben für den Einkauf kommen in einem Restaurant die Fixkosten wie Raummiete und Gehälter hinzu. Dieser Teil der Kosten ist nur schwer zu verändern, es sei denn, man entlässt Mitarbeiter oder kündigt Räume. Doch das sind schwerwiegende Einschnitte, die lange nachwirken. Dann scheint es manchmal einfacher, dem Küchenchef zu sagen, er solle beim Einkauf sparen. Für mich bedeutete Schmitts Vorgabe eine Absage an alle weiteren Stern-Ambitionen. Dass ich weniger Geld für die Produkte ausgeben, das Speisenangebot verkleinern und gleichzeitig auf dem hohen Niveau der vergangenen Jahre weiterarbeiten sollte, erschien mir bereits schwierig genug. Eigentlich war es unmöglich. An diesem Januartag erledigten sich meine Wünsche, einen dritten Stern zu erreichen – zumindest in Wertheim.

„Herr Schmitt, wenn wir sparen, haben wir keine Chance, unser großes Ziel zu erreichen. Das wird nicht gehen. Bei aller Kreativität: Um in der absoluten Spitze zu kochen, müssen wir auch erstklassige Zutaten verwenden", versuchte ich Schmitt umzustimmen. „Ich versuche doch schon, so wirtschaftlich wie möglich zu arbeiten." Schmitt zeigte sich jedoch unnachgiebig. Es tue ihm ja auch leid, aber es gebe in diesem Jahr keine Alternative zum neuen Sparkonzept. „Herr Müller, Sie sind jetzt gefordert." Ich hatte aber in diesem Moment keine Lust mehr, mich weiter fordern zu lassen. Das hatte ich jahrelang getan. Ich hatte alles gegeben. Nichts gegen Herausforderungen, die habe ich immer gern angenommen. Aber bei einem Spiel anzutreten, das ich gar nicht gewinnen konnte, hatte ich keine Lust. Auf einmal – und das überraschte mich zu diesem Zeitpunkt – wurde der Gedanke an einen Abschied von den „Schweizer Stuben" ganz real. Ich wollte Wertheim verlassen. Dabei hatte ich bis dahin alle Angebote abgelehnt. Obwohl einige interessante Offerten dabei gewesen waren.

FREMDE VERLOCKUNGEN

Ich bekam einen Anruf, der mich doch nervös machte. „Ich melde mich im Auftrag von Herrn Grundig", hörte ich eine tiefe Männerstimme sagen. „Er würde sich gern einmal mit Ihnen verabreden, um über eine mögliche Zusammenarbeit zu sprechen. Könnten Sie ihn in Baden-Baden treffen." Tja, was sollte ich da antworten, außer: „Ja, klar"? So ein Gesprächsangebot konnte ich nicht ausschlagen.

Max Grundig, der legendäre deutsche Industrielle, aus dessen Fabrikation die meisten Familien ein Fernseh-, Radio- oder ein anderes Elektrogerät nutzten, hatte 1986 das ehemalige Kurhaus „Bühlerhöhe" gekauft und ließ es zu einem prächtigen Luxushotel umbauen. Angeblich 150 Millionen DM soll er insgesamt für das imposante Projekt oberhalb von Baden-Baden ausgegeben haben. Dieser Betrag wurde immer wieder genannt. Selbst wenn 75 Millionen Euro auch nach heutiger Sicht eine gewaltige Summe sind, so spiegeln sie doch nicht wieder, dass Grundig mit seiner Investition damals in neue Dimensionen vorstieß. Luxushotels waren in Deutschland rar und das, was Grundig, ein knorriger Mann aus der Wirtschaftswunderzeit, vorhatte, war unfassbar beeindruckend. Es sollte ein Denkmal seines Schaffens werden, ein Zeichen an die Welt. Die „Bühlerhöhe", ein schlossähnliches Gebäude vom Beginn des 20. Jahrhunderts, bot eine perfekte Bühne für die letzte Inszenierung eines großen, alten Mannes, dessen industrieller Ruhm zuletzt bröckelte. Billige, inzwischen im Ausland produzierte Radio- und Fernsehgeräte machten ihm zu schaffen. 1984 hatte er seine Firma, die zweitweise weit über 30.000 Menschen beschäftigt hatte, an den niederländischen Philips-Konzern verkauft. Nun besaß er viel Geld und suchte eine neue Beschäftigung: die „Bühlerhöhe".

Ich kannte das auf knapp 800 Metern gelegene Haus mit dem fantastischen Blick in die Rheinebene, und ich wusste, dass Max Grundig die „Bühlerhöhe" zu einem der besten Hotels der Welt machen wollte – es war also nicht schwer zu erraten, weshalb er mit mir Kontakt aufnehmen wollte, zumal der Mann am Telefon schon entsprechende Andeutungen gemacht hatte. „Wenn Sie in der Gegend sind, können Sie sich ja schon mal die Umbauten ansehen. Die Küche dürfte Sie besonders interessieren." Grundig wollte sein Luxushotel mit einem Sterne-Lokal schmücken.

An einem freien Montag machte ich mich zusammen mit meiner Frau auf den Weg nach Baden-Baden. Wir starteten nach dem Frühstück, zur Mittagszeit waren wir mit Max Grundig verabredet. Davor sollte uns ein Mitarbeiter die Baustelle zeigen. Alles war beeindruckend. In Wertheim war die Küche klein, der Platz am Herd beengt, der Pass schmal. Es war Kochen unter schwierigen Bedingungen – dennoch hatten wir zwei Michelin-Sterne. Nun die „Bühlerhöhe": Alles neu, alles groß, ich hatte die Möglichkeit, die Küche nach meinen Vorstellungen zu gestalten. Ein Traum. Und die Möglichkeit, einen dritten Stern zu bekommen.

Nach der Baustellentour fuhren wir nach Baden-Baden zu Max Grundigs Haus. Es war wie in einem James-Bond-Film. Das riesige Grundstück war umgeben von einem hohen Eisengatter. Nachdem wir geklingelt hatten, öffnete sich das Tor, im Park liefen große, furchteinflößende Hunde frei herum, die nun heftig anschlugen. Meine Frau und ich waren von dem riesigen Haus sehr beeindruckt. Alles war so groß, so mächtig. Eine andere Welt.

Ohne große Umschweife wurden wir zu Max Grundig geführt. Sichtlich gealtert, ging er am Stock, doch trotz seiner fast 80 Jahre war von Altersmilde nicht viel zu spüren. Keine Vorrede, keine Einleitung, Grundig kam schnell zur Sache. Geschäft ist Geschäft. „Herr Müller, ich will in der Bühlerhöhe das beste deutsche Restaurant haben. Mein Ziel sind drei Sterne. Ist das was für Sie?" Klar, war das was für mich. Zumindest rein theoretisch. Mittlerweile war ich 15 Jahre in Wertheim, aber kein dritter Stern in Sicht. Wir kochten auf hohem Niveau, aber ich fürchtete mich vor dem Stillstand. Die „Bühlerhöhe" bot mir die Gelegenheit zum Neubeginn. Auf höchstem Niveau. Gut, es gab ein kleines praktisches Problem: Ich hatte einen Vertrag mit der verrückten Kündigungsfrist von 18 Monaten. Aber was auf den ersten Blick wie eine unüberwindliche Hürde wirkte, war gar nicht so schlimm, denn mein Urlaubskonto wies noch fast ein halbes Jahr Guthaben auf. Da ich mir in all den Jahren immer nur ein paar Wochen im Januar frei genommen hatte, war ein enormer Urlaubsberg angewachsen.

„Also, wenn Sie Interesse haben, dann kommen wir zum Finanziellen", brummte Grundig. „Hier ist der Vertrag, tragen Sie eine Summe ein: Wollen Sie 500.000 Mark?" Wie bitte? Wie viel hatte er mir geboten? Die Zahl war so astronomisch hoch, das konnte ich nicht glauben. Damals kostete eine S-Klasse von Mercedes vielleicht 60.000 oder 80.000 Mark, einen VW Golf gab es für unter 20.000 Mark. Ein halbe Million Mark, das war einfach ein Wahnsinn. Mir verschlug es die Sprache. Ich musste nur schwer schlucken. „Ich habe Ihre berufliche Laufbahn verfolgt, Sie wären der richtige Mann für die Bühlerhöhe. Zudem sind Sie Badener, Sie kennen die Region", sagte Grundig, „überlegen Sie es sich." Er drückte uns die Hand und verschwand. Kein weiteres persönliches Wort, keine Frage nach meinen Ideen, wie ich in der „Bühlerhöhe" kochen wollte. Das war schnell gegangen.

Zurückblieben meine Frau und ich sowie der designierte Hoteldirektor, ich entsinne mich an seinen Namen nicht mehr. Wahrscheinlich habe ich ihn verdrängt, denn natürlich dachte ich, dass er uns nun zum Essen einladen würde. Wir waren weit gefahren, es gab viel zu besprechen und natürlich gehört diese Art der Gastfreundschaft einfach dazu. Stattdessen sagte er; „Gehen wir ein Stück Zwetschenkuchen essen." Nicht, dass ich etwas gegen Zwetschenkuchen habe, im Gegenteil. Aber ich fand es komplett unpassend. So saßen wir in einem Café und aßen Kuchen. Der Hoteldirektor des künftig besten Hotels Deutschlands, der Küchenchef des besten Restaurants und seine Frau, die den Service leiten sollte – und dann ein Stück Kuchen. Ich habe damals nichts gesagt, aber ich fand das stillos. Schon fast erschreckend beliebig. Man kann reich sein, aber das bedeutet offenbar nicht, dass man weiß, was Gastfreundschaft oder Respekt bedeuten.

Auf dem Nachhauseweg haben meine Frau und ich wenig gesprochen. Wir mussten nicht viel sagen, denn wir waren beide enttäuscht. Komischerweise haben wir das uns gebotene Geld nie erwähnt, vielleicht weil die Summe so fantastisch hoch war, dass wir sie für unrealistisch hielten. Mir wurde jedoch eins klar: Als Spitzenkoch kann man sehr gut verdienen. Mit dieser Erkenntnis ging ich zu Adalbert Schmitt, der uns ohnehin immer fair entlohnte. Aber nun kannte ich eine andere Dimension. Das Gespräch mit Schmitt war gut: Er stellte mir einen Dienstwagen zur Verfügung und erteilte mir die Erlaubnis, endlich ein Buch mit meinen Rezepten zu veröffentlichen – das hatte er mir bislang untersagt.

Bei Max Grundig nahm ich es mit der Höflichkeit dann auch nicht mehr so genau – ich griff zum Telefon und ließ ausrichten, ich sei an dem Posten in der „Bühlerhöhe" nicht interessiert. Ich habe nie wieder etwas von ihm gehört. Drei Jahre später starb er, kurz nach der Eröffnung seines Hotels.

Max Grundigs Angebot war nicht das einzige. Auch wenn es sicherlich das lukrativste gewesen ist. Doch wer weiß? Über Geld habe ich mit Horst Schulze gar nicht gesprochen – bei ihm war ich nur stolz, dass er mich fragte, ob ich zu der von ihm geleiteten Hotelkette wechseln möchte: Ritz Carlton. Die Kette stand damals zwar nicht so brillant da wie heute, hatte aber einen legendären Ruf.

Der Name des Unternehmens geht auf den Schweizer César Ritz zurück, der gegen Ende des 19. Jahrhunderts den Grundstein für die Luxushotellerie gelegt hat. Das Motto von César Ritz lautete: „We are ladies and gentlemen serving ladies and gentlemen." Damit definierte er das Verhältnis zwischen Gast und Angestellten neu. Es ging nicht um möglichst untertäniges Verhalten, sondern um perfekten Service, der von sehr gut ausgebildeten Damen und Herren geboten wird. Das war in einer Zeit, zu der in Deutschland noch ein Kaiser regierte und die Arbeiter in ärmlichsten Verhältnissen und mehr oder weniger ohne Rechte lebten, ein unglaublich fortschrittlicher Ansatz.

Und noch etwas außer dem Service zeichnete die Hotels von César Ritz aus: die exzellente Küche. Bei ihm arbeitete einer der Wegbereiter der Hochküche, ja vielleicht sogar ihr Erfinder: Auguste Escoffier. Er revolutionierte die Küche des 19. Jahrhunderts, die von üppiger Verzierung geprägt war – es war eine Art zu kochen, die noch aus dem Feudalismus stammte. Viele der großen Köche arbeiteten damals in England, oft im Dienst des Adels. Escoffier brach mit dem verschwenderischen, auf Äußerlichkeiten ausgerichteten Stil. Ein Koch, so schrieb er, „darf niemals der äußeren Form wegen den Inhalt opfern und muss sich dessen bewusst sein, dass ein schöner Dekor niemals vernachlässigte oder schwache Geschmackswerte ersetzen kann." (aus der Einleitung seines Kochbuchs) Eine Erkenntnis, die bis heute gilt! Kurz und gut: Die Marke „Ritz Carlton" hatte für mich einen Klang wie Donnerhall. Die Kette stand für Luxus, Qualität und Moderne. Horst Schulze war derjenige, der Ritz Carlton in den 1980er-Jahren wieder aus einem zwischenzeitlichen Dornröschenschlaf geweckt hatte. Ein Deutscher von der Mosel, der mit 14 Jahren von zuhause weggegangen war, um seinen Traum vom Arbeiten in einem Hotel zu verwirklichen. Horst Schulze ist ein Hotelier, den ich wirklich bewundere.

Zweimal kam er in geheimer Mission aus Atlanta, USA zu mir nach Wertheim. Meistens verband er seine Tour mit einem Abstecher bei seiner Mutter, die an der Mosel lebte. „Ich würde gern mal in Ruhe mit Ihnen sprechen, Herr Müller", sagte er bei seinem zweiten Besuch. „Ich suche einen der besten deutschen Köche für die Leitung aller Restaurants der Ritz Carlton-Gruppe in den USA", sagte Horst Schulze. „Am liebsten wäre es mir, wenn Sie das machen würden." Was für ein Angebot! Seine Idee war, dass ich zuerst einmal zwei Jahre in New York kochen sollte, um dort einen Standard für alle Hotels der Kette zu setzen. Schulze wollte Ritz Carlton im kulinarischen Bereich zur führenden Hotelkette machen. Ich war von dem Plan begeistert. Während ich strahlte, zuckte es im Gesicht meiner Frau. Verständlich, denn wir hatten drei kleine Kinder, unsere Tochter war ein Jahr alt. Da ist ein Umzug in die USA keine leichte Übung. Schulze bemerkte die Skepsis meiner Frau. „Kommen Sie nach New York, machen Sie sich ein Bild. Ich lade Sie beide ein."

Also flogen meine Frau und ich ein paar Wochen später in die USA, unsere erste große Reise. Am New Yorker Flughafen wartete eine dunkle Limousine auf uns und brachte uns nach Manhattan, das damals allerdings weniger schillernd war als heute. Drogen und Kriminalität bereiteten der Stadt große Probleme, es gab etliche Bezirke, in die man besser nicht ging, aber natürlich auch diese unglaubliche Skyline, die gigantischen Straßenschluchten, den Central Park, die Freiheitsstatue und diese enorme Energie, die diese Stadt erfüllt – wir waren beeindruckt.

Im Hotel erwartete uns der Manager. Wir bezogen unser Zimmer, ehe ich mir meinen potentiellen neuen Arbeitsplatz ansah: die Küche. Zu meinem Erstaunen fuhren wir in den Keller. „Was wollen wir denn hier?", fragte ich den Manager. „Hier befindet sich die Küche", bekam ich zur Antwort. Kein Tageslicht, niedrige Decken, das war Küchenarbeit im Bergbaustil. „Eine Küche im Keller kommt für mich überhaupt nicht in Frage", sagte ich. „Ich arbeite zwölf oder vierzehn Stunden am Tag, ich brauche Tageslicht."

Horst Schulze hörte sich meine Absage ganz ruhig an. „Herr Müller, ich verstehe", sagte er. „Genießen Sie heute noch New York und fliegen Sie bitte kurz nach San Francisco. Dort habe ich etwas, das Ihnen besser gefallen wird." Also flogen meine Frau und ich einen Tag später weiter an die Westküste. Wieso sollte ich mich nicht von hier aus um die Restaurants der Gruppe kümmern? Horst Schulze hatte nicht zu viel versprochen. Das Ritz Carlton in San Francisco war zwar noch im Bau, aber man erkannte bereits, wo das Lokal des Hotels geplant war. Auch den Küchenrohbau konnten wir betreten. Hier gab es Tageslicht, alles war großzügig geplant. Ich war begeistert und ich stellte mir vor, wie ich hier mit frischem Seafood arbeiten, Weine im nahegelegenen Napa Valley aussuchen und das Leben am Pazifik genießen würde. Zugegeben, eine recht egoistische Sichtweise, die meine Frau nicht teilen konnte. Ich hatte die ganze Zeit gemerkt, dass ihr San Francisco noch weniger zusagte als New York. Die Westküste war noch weiter weg von den Eltern, noch weiter weg von der Heimat.

Nach der Hotelbesichtigung stand das nächste Gespräch mit Horst Schulze an. „Was sagen Sie, Herr Müller? Sie entwickeln das Restaurant zu einem der besten an der Westküste und haben von hier aus ein Auge auf die anderen Restaurants unserer Hotelgruppe." Das war der Moment für den Auftritt meiner Frau. „Dieter", sagte sie in diesem strengen Ton, den sie nur ganz selten hat, nur dann, wenn ihr etwas wirklich wichtig ist. „Du entscheidest heute gar nichts. Wir haben drei kleine Kinder, das müssen wir alles sehr gut überlegen." Wie diese Überlegungen ausgehen würden, ahnte ich bereits. Zuungunsten von Ritz Carlton und meinen US-Westküsten-Träumen.

Jahre später bin ich Horst Schulze noch einmal begegnet, es war ein sehr freundliches Zusammentreffen. Er hatte ohne mein Zutun Ritz Carlton extrem erfolgreich entwickelt. Das Konzept, mit exzellenten Restaurants auf die Hotels aufmerksam zu machen, verfolgt die Gruppe übrigens auch in Deutschland – das „Aqua" im Wolfsburger Ritz Carlton gehört zu den besten Restaurants des Landes. Dort kocht einer meiner Schüler, Sven Elverfeld. „Ich habe viel erreicht in meinem Berufsleben", sagte Schulze zu mir und lachte. „Nur schade, dass ich Sie damals nicht überzeugen konnte, zu uns zu kommen." Das war ein schöner Abschluss meines Flirts mit Ritz Carlton. Für mich – und meine Familie – war es wohl richtig, dass ich das Angebot aus den USA ausgeschlagen habe. Wenig später bekam ich ein noch viel besseres aus Deutschland.

AUF NACH LERBACH

Die Trennung von Wertheim war nicht einfach. Adalbert Schmitt versuchte, mich zum Bleiben zu bewegen. Doch mein Entschluss stand fest. Unter den neuen Sparbedingungen wollte ich nicht arbeiten. So konnte ich mich nicht weiterentwickeln. Allerdings wusste ich noch gar nicht, wo ich hingehen wollte. Schließlich einigten wir uns darauf, dass ich Wertheim Mitte des Jahres 1990 verlassen würde. Es sollte kein abruptes Ende, sondern einen fließenden Übergang geben. Eine Lösung, die auch meiner Frau recht war, die nur sehr ungern aus Wertheim wegging. Hier lebten ihre Eltern, hier hatten wir viele Freunde, die Kinder waren an ihr Umfeld gewöhnt.

Nachdem die Modalitäten des Ausstiegs feststanden, begann eine spannende Zeit. Ich musste mir – gemeinsam mit meiner Frau – überlegen, was ich machen wollte. Möglichkeiten gab es genug. Variante eins wäre die Selbstständigkeit gewesen. Wir hätten ein eigenes Restaurant aufmachen können. Aber wo? Und mit welcher Ausrichtung? Würde ich weiter auf höchstem Niveau kochen wollen, hätte das ein enormes finanzielles Engagement mit entsprechendem Risiko bedeutet. Wir hätten Kredite aufnehmen müssen, wir wären in einen enormen Zugzwang gekommen. Ob wir das wirtschaftlich überleben würden, war unklar.

Gerade die Sterneküche ist oft kein gutes Geschäft, meist funktioniert sie nur als Werbeträger für ein Hotel. Der Wareneinsatz ist hoch, die Personalkosten auf den einzelnen Gast bezogen ebenfalls, Geschirr, Gläser, Weinkeller, Ausstattung – alles muss edel sein, alles ist teuer. Reich wird man vielleicht mit einer Pizzeria oder einer Dönerbude, aber nicht mit einem Sterne-Lokal, schon gar nicht in Deutschland. In Frankreich darf eine Vorspeise auch mal 80 Euro kosten. In Deutschland unmöglich, wenn nicht gerade viel Kaviar oder Trüffeln im Spiel sind. Meine Frau und ich haben deshalb die Variante „eigenes Lokal" schnell verworfen. Große Investitionen, drei kleine Kinder und eine ungewisse Zukunft – das war nichts für uns.

Zu meiner großen Freude meldeten sich etliche Restaurantbesitzer bei mir und fragten, ob ich nicht Lust hätte, bei Ihnen zu arbeiten. Es waren reizvolle Angebote dabei. In München hätte ich im „Tantris" arbeiten können, aber das Lokal war längst als eins der Besten etabliert, es hatte die höchsten Bewertungen. Es wäre nie mein Restaurant geworden, ich wäre nur der Koch in einem tollen Lokal gewesen. Ich wollte in einem Restaurant arbeiten, in dem ich viel gestalten konnte. Auch Otto Geisel meldete sich bei mir, ein Hotel- und Restaurantunternehmer, den ich sehr schätze und der aus einer großen Hoteliersfamilie stammt. Ihm gehörte das „Victoria" in Bad Mergentheim. Mit Otto Geisel hätte ich gern gearbeitet, denn er ist ein großer Kenner und ein absoluter Qualitätsfanatiker. Bei ihm konnte man nicht nur gut essen – er ist auch Weinliebhaber und kalkulierte die Preise so fair, dass es immer eine Freude war, bei ihm eine gute Flasche zu bestellen. Aber die Lage des von außen eher unspektakulären Hauses mitten in einer kleineren Stadt schien mir nicht der richtige Standort für mein neues Lokal zu sein. Also sagte ich Otto Geisel ab.

In diesen vielen Gesprächen über meine eigene Zukunft wurde mir klar, dass ich am liebsten ein Restaurant von Beginn an aufbauen wollte. Von der Küchenplanung bis zur Gestaltung des Gastraums wollte ich mitreden und vor allem mitentscheiden. Deshalb kam mir das Angebot von Thomas Althoff gerade recht. Althoff leitete das „Hotel Regent" in Köln, ein Mittelklassehaus. Aber er hatte große Pläne: In der Nähe von Bergisch-Gladbach, in einem großen, verwunschenen Park gelegen, dämmerte Schloss Lerbach als Bildungsstätte vor sich hin. Nun stand das Anwesen zur Verpachtung. Althoff wollte das Haus mit der Unterstützung eines berühmten Industriellen zu einem Luxushotel mit Drei-Sterne-Restaurant verwandeln. Ein kühner Plan, der mir sofort gefiel.

Bei unseren ersten Treffen war allerdings eine gute Portion Fantasie notwendig, um sich vorzustellen, dass der Plan aufgehen würde. Nicht nur, weil das Schloss erst noch zur Schönheit erweckt werden musste, da es sich in einem stark renovierungsbedürftigen Zustand befand.

Thomas Althoff selbst hatte bisher noch kein Luxushotel geführt und besaß in diesem Bereich keinerlei Erfahrung. In seinem „Regent" ging es solide zu, mehr aber nicht. „Das ist ja sehr nett", sagte ich zu ihm, als er mich durch sein Kölner Hotel führte. „Aber in Lerbach stelle ich mir ein ganz anderes Haus mit ganz anderer Ausstattung vor. Das muss ein erstklassiges Hotel werden, das höchsten Ansprüchen genügt." Seine Antwort war kurz. „Ja, das sehe ich genauso." Ich glaubte ihm, dass er das schaffen würde.

Thomas Althoff war damals noch keine vierzig Jahre alt. Bereits mit 21 Jahren hatte er in Aachen sein erstes Hotel gepachtet, danach übernahm er ein Haus im Schwarzwald mit 90 Zimmern. Er wusste früh, dass Hotels sein Leben sein würden, er war enorm ehrgeizig. Später sammelte er bei der amerikanischen Hotelkette „Best Western" Erfahrungen, ehe er zwei Hotels in Köln betrieb, eins davon das „Regent". Althoff belebte in Deutschland die alte Idee neu, Hotels mit erstklassigen Restaurants auszustatten, um so eine hohe Auslastung der Häuser sicherzustellen. Der große César Ritz, von dem ich berichtet habe, hatte das gemeinsam mit Auguste Escoffier ähnlich gemacht. Heute funktioniert dieses Konzept wieder gut, doch Anfang der 1990er-Jahre galt es als sehr waghalsig. Es war umstritten, ob Luxushotels überhaupt eine Zukunft hatten. Althoff war davon überzeugt und wollte den Beweis antreten. Mir gefielen seine große Überzeugung sowie seine erstaunliche Tatkraft. Auch wenn er meist heiter und entspannt wirkte, war er enorm durchsetzungsfähig. So ist es ihm gelungen, andere Interessenten für Schloss Lerbach zu übertreffen. Der kluge Taktiker und charmante Menschenfänger Thomas Althoff bekam den Zuschlag. Wahrscheinlich auch, weil er mich als Zugpferd eingespannt hatte.

An mir war es nun, im künftigen „Schlosshotel Lerbach" ein Restaurant aufzubauen, das meinen Namen tragen und höchsten Ansprüchen genügen sollte. Das alte Schloss, der große Park, der Luxus im Hotel – das war genau der Rahmen, den ich mir gewünscht hatte, um einen dritten Stern zu erkochen. Dazu muss man wissen, dass damals das Interieur eines Lokals für die Bewertung noch wichtiger war als heute. Inzwischen ist es durchaus schick, in minimalistischem Ambiente

Hochküche zu servieren. Das wird im Pariser „Septime" genauso praktiziert wie im Kopenhagener „Geranium".

Die Gebäude waren sehr renovierungsbedürftig. Mit einem einfachen Umbau war es nicht getan, es musste von Grund auf saniert werden. Ich weiß nicht, was die Renovierung letztendlich gekostet hat, aber sie muss sehr teuer gewesen sein. Doch für Thomas Althoff war das Schlosshotel immer ein Traum gewesen. Er setzte sich mit aller Kraft für das Projekt ein. Er wollte, dass das Hotel prächtig und das Restaurant perfekt wird. Ich merkte schnell, dass es die richtige Entscheidung gewesen war, in Lerbach neu zu beginnen.

Aufgrund der umfangreichen Bauarbeiten zog sich die Renovierung in die Länge. Erst im Februar 1992 konnten wir schließlich eröffnen, zirka sechs Monate später als ursprünglich geplant. Für mich hieß das, dass ich über ein Jahr Zeit hatte, um mich auf die neue Aufgabe vorzubereiten. Klar, ich musste ein Team zusammenstellen und mir Gedanken über Gerichte machen. Aber das würde kein Jahr dauern! Ich hatte schlicht und ergreifend Zeit, über die ich verfügen konnte. Das war für mich komplett neu, nachdem ich viele Jahre immer nur wenige Wochen Urlaub genommen hatte. Zwei, drei Wochen im Januar, das war es. Was für eine Freiheit, was für Möglichkeiten!

Mir war schnell klar, wie ich diese unverhoffte Chance nutzen wollte: als Koch unterwegs. Mein Plan war, eine Art Welttournee zu unternehmen. Ich wollte in ferne Länder reisen und überall kochen. Das würde, so meine Idee, nicht nur viel Spaß machen, ich konnte auch viele neue Anregungen für meine Küche sammeln. Das erschien mir wichtig, schließlich hatte ich in Lerbach Großes vor. Bis zu diesem Zeitpunkt kannte ich nur Europa und dort neben etwas italienischer Kochkunst vor allem die französische Hochküche. Ich war jedoch noch nie in Asien gewesen, hatte aber mitbekommen, wie faszinierend die fernöstliche Küche ist. Bislang hatte ich nur an der Oberfläche gekratzt, was schon faszinierend genug war. Die Arbeit mit rohem Fisch, mit neuen Gewürzen, mit anderen Techniken faszinierte mich. Ich wollte in diese Länder fahren, ich wollte dort essen, mit Kollegen sprechen, um von ihnen zu lernen.

Der letzte Teil meines Plans sollte sich freilich als der bei Weitem schwierigste erweisen. Nicht, weil die Köche in Asien so verschlossen gewesen wären und nicht mit mir reden wollten. Das Problem war vielmehr mein sehr mangelhaftes Englisch, und natürlich sprach in Asien niemand Deutsch. Wenn ich in meinem Leben eins bereue, dann ist es, in der Jugend keine Fremdsprachen gelernt zu haben. Mein Küchenfranzösisch hilft in der Regel auch nicht so richtig weiter. Als ich zur Schule ging, galten Sprachen noch als vernachlässigbare Größe. Heute ist das zum Glück anders.

Die Umsetzung meiner Reise-Koch-Idee erwies sich als erstaunlich einfach. Ich rief Horst Schulze von der Ritz-Carlton-Gruppe an. Wir waren zwar ein paar Jahre zuvor nicht handelseinig geworden, aber im Guten auseinandergegangen. Ich hatte immer daran gedacht, noch einmal mit ihm und seiner Gruppe ein gemeinsames Projekt zu realisieren. Jetzt war die Zeit dafür gekommen. Schulze war von meiner Welttournee-Idee begeistert – meine Frau, ehrlich gesagt, etwas weniger. Aber sie wusste, dass die Reise für mich beruflich wie persönlich wichtig war und unterstützte mich großmütig wie immer dabei.

Horst Schulze begann sofort mit der Reiseplanung. Die Ziele waren verlockend, auch wenn meines Erachtens der asiatische Aspekt etwas zu kurz kam, aber Ritz-Carlton war vor allem in den USA zu Hause. Meine Gourmetreise sollte mich nach Detroit führen, das damals noch eine prosperierende Industriemetropole war, dann in den Süden der USA nach St. Louis und Atlanta, später in Richtung Westen nach Hawaii und schließlich nach Sydney. Danach war ich in Bangkok im „Oriental", dem damals vielleicht besten Hotel der Welt. Hier lernte ich die Thai-Küche schätzen und lieben und bekam einen Eindruck von den tollen asiatischen Märkten. Zum Abschluss der Tour ging es nach Tokio. Der Aufenthalt und die Kochstationen in den USA waren in Ordnung. Die Städte waren spannend, die Begegnungen mit den Menschen faszinierend. Viel zu lernen gab es für mich aber nicht. Außer vielleicht, wie lang die Amerikaner Fleisch am Knochen reifen lassen, was ich allerdings von meinem großen Berner Lehrmeister Ernesto Schlegel bereits kannte. Heute ist „dry aged" wieder in Mode. Zum Glück, denn am Knochen gereiftes Fleisch schmeckt einfach besser.

Weiter ging es nach Hawaii. Ich kochte in einem Ferienressort, meine freie Zeit verbrachte ich am Strand und beobachtete, wie die Surfer auf den riesigen Wellen ritten. Die Natur dort ist beeindruckend. Von Hawaii flog ich weiter nach Sydney. Diese Stadt hat eine wunderbare Leichtigkeit. Ich liebte es, am Abend rüber zur Oper zu laufen und dort etwas zu essen oder zu trinken. Damals war ich fast jeden Abend dort unterwegs, oft mit anderen Köchen. Australien war für mich als Sportfan auch deshalb interessant, weil während meines Aufenthalts in Melbourne die „Australian Open" stattfanden. Zu der Zeit war Boris Becker einer der besten Spieler der Welt und ich hatte mir voller Vorfreude Karten für das Finale besorgt. Doch es sollte anders kommen.

Kaum war ich in Sydney angekommen, hatte ich die Ehre für eine deutsche Delegation mit dem Botschafter zu kochen. Das Essen war ein großer Erfolg. Danach kam der deutsche Vertreter zu mir und bedankte sich für den köstlichen Abend. „Ich möchte mich zusammen mit meiner Frau gern bei Ihnen revanchieren", sagte er. „Ich lade Sie am Sonntag zum Essen in eins der besten Fischrestaurants ein." Höflich wie ich bin, bedankte ich mich, schob dann aber hinterher: „Am Sonntag fliege ich nach Melbourne. Ich habe nämlich eine Karte für das Finale der Australian Open." Der Botschafter blieb unbeeindruckt. „Das Match schauen wir nach dem Essen bei uns zu Hause." Tja, es gibt Einladungen, die man nicht ablehnen kann. Es wurde ein schöner Tag mit dem Botschafter und seiner Gattin. Boris Becker stand im Endspiel und gewann. Ich saß vor dem Fernseher.

Meine letzte Station, Tokio, war der Höhepunkt der Reise. Die Stadt und ihre Esskultur öffneten mir die Augen. Noch nie zuvor war ich auf so einem beeindruckenden Markt gewesen. Nichts gegen Paris, aber für mich ist Tokio unschlagbar. Es ist nicht die Vielfalt der Produkte, die mich dort so sehr beindruckt hat, es ist diese unglaublich gute Qualität.

Man hat den Eindruck, dass jeder Händler mit Herzblut für sein Produkt steht. Dass der Fischhändler seine Fischer, der Gemüsehändler seine Landwirte und der Fleischhändler seine Züchter kennt. Alle präsentieren ihre Waren mit großem Stolz. Es geht um mehr als nur den Verkauf eines Lebensmittels, es geht um Ehre. Dabei bleibt alles schlicht, keine Show, nichts Überflüssiges. Die Ehrfurcht vor dem Produkt, die auch die japanische Küche auszeichnet, ist in den Markthallen zu spüren.

In Tokio gibt es nicht nur Thunfisch-Qualitäten, von denen ich zuvor nur träumen konnte, auch das Fleisch der Kobe-Rinder ist unglaublich. Wenn man sich vorstellt, mit welchem Aufwand diese Tiere gepflegt und gefüttert werden, versteht man, weshalb ihr Fleisch so teuer ist. Mir wurde damals vor Augen geführt, wie sehr sich das Konzept der japanischen Küche von dem der europäischen unterscheidet. In Japan geht es darum, feinste Zutaten möglichst vorsichtig weiterzuverarbeiten. Das Produkt steht im Mittelpunkt, ihm haftet etwas Heiliges an.

In der französischen Hochküche hingegen ist die Verarbeitung der entscheidende Faktor. Der Koch rückt in den Mittelpunkt, seine Arbeit bestimmt das Gericht. Auch dort werden gute Zutaten verwendet, aber sie stehen nicht so im Zentrum, sie sind häufig Mittel zum Zweck. Deshalb können in Frankreich Köche zu Personen des öffentlichen Interesses werden, zu richtigen Stars. Interessanterweise setzt sich diese europäische Kultur der Weiterverarbeitung auch im Auseinandernehmen und neu Zusammenfügen der Molekularküche fort.

In Japan jedoch reicht es, ein perfektes Stück Fisch zu haben, es exakt zuzuschneiden (ganz wichtig! japanische Köche lernen oft jahrelang erst einmal den Umgang mit dem Messer) und es mit ein paar Tropfen uralter Sojasoße zu veredeln. Diese puristische Tradition lebt übrigens in der „nordischen Küche" wieder auf, wie sie René Redzepi im „Noma" in Kopenhagen berühmt gemacht hat. Ein weiteres Stilelement dieser Küche ist die Beschränkung auf heimische Lebensmittel. Auch das gilt in der japanischen Küche. Dort hat Olivenöl keinen Platz.

Meine Reisen waren so bereichernd wie ich es mir erhofft hatte. Ich kam voller Ideen und Inspirationen zurück. In Deutschland bezog ich ein kleines Büro in Köln, in den gleichen Räumen, wo auch Thomas Althoff und sein Team arbeiteten. Nun ging es darum, die Küche in Lerbach betriebsbereit zu machen. Ich musste das Personal einstellen, ich musste das Geschirr und die Gläser aussuchen und den Fortgang der Bauarbeiten in Lerbach begleiten.

Schon vor meiner Abreise nach Übersee hatte ich etliche Bewerberinnen und Bewerber getroffen, die bei mir in Lerbach arbeiten sollten. Mit einigen hatte ich sogar schon einen Vertrag geschlossen. Da sich die Bauarbeiten am Schloss jedoch verzögerten, hatten manche neue Stellen annehmen müssen. Ich musste nun versuchen, sie doch noch nach Lerbach zu lotsen, oder andere Köche rekrutieren. Immerhin konnte ich dabei aus einem großen Reservoir von Bewerbungen schöpfen. In der Branche hatte sich längst herumgesprochen, dass ich in Lerbach in einem sehr ambitionierten Restaurant in schönstem Ambiente den Angriff auf den dritten Stern starten würde. Viele Köche reizte es in einem Dieter-Müller-Team zu arbeiten. Deshalb konnte ich aus den vielen Bewerbungen die besten Mitarbeiter aussuchen.

Schade nur, dass mir anfangs für meinen liebsten Eignungstest die Voraussetzungen fehlten: ein Mittagessen in unserem Restaurant und ein Gespräch darüber. Zeugnisse und Beurteilungen geben nur eine bestimmte Facette einer Persönlichkeit wider. Wenn ich einen Bewerber interessant fand, habe ich bei seinem Chef angerufen, um mich nach ihm zu erkundigen. In Restaurantkreisen, wo ein regelmäßiger Jobwechsel üblich und in den ersten Jahren als Koch sogar gewünscht ist, machen das viele Küchenchefs. Wenn ich von einem Kandidaten – oder einer Kandidatin, allerdings gab es damals nur wenige Köchinnen – einen guten Eindruck hatte, lud ich ihn zum Essen in unser Restaurant ein. Das war der finale Test. Er sollte sehen, wie wir arbeiten und sich danach mit mir darüber unterhalten.

Bei dieser Gelegenheit habe ich schnell gemerkt, was für ein Verhältnis der Kandidat zum Essen hatte. Betrachtete er das Kochen als schlichtes

Handwerk? Verstand er das subtile Zusammenspiel der Aromen und Konsistenzen? Schmeckte er die Nuancen? Wenn jemand über ein Gericht spricht, merke ich, ob er verstanden hat, um was es bei der Zubereitung geht, wieso ich das Gericht genau so gekocht habe. Kochen auf hohem Niveau ist viel mehr als technisch gut zubereitetes Fleisch und korrekt gegartes Gemüse. Das Ziel ist, eine besondere Harmonie zu erzeugen. Ich will erreichen, dass sich verschiedene Zutaten perfekt ergänzen. Beispiele dafür sind „sous vide" gegartes Kalbfleisch mit Pilzen oder Steinbutt-Filet mit Pfefferzwiebeln, Melone und raffinierter Estragon-Safran-Sauce. Bei diesen Gerichten verschmelzen die Zutaten perfekt.

Manchmal sind aber auch Gegensätze wichtig, um Spannung herzustellen. Ein klassisches Beispiel ist die Kombination von Reh, das oft leicht nussig schmeckt, und Früchten, die eine gewisse Säure haben. Ein perfektes Gericht macht nicht nur satt und schmeckt. Es soll ein Erlebnis sein, einen neuen Horizont eröffnen. Doch um dieses besondere Erlebnis zubereiten zu können, muss der Koch in der Lage sein, diese Kombination zu schmecken, zu empfinden und zu beschreiben.

Das reicht noch nicht einmal: Er muss eine große Leidenschaft für seinen Beruf spüren. Seine Augen müssen leuchten, wenn er einen perfekten Teller sieht. Ohne große Begeisterung geht in einer Sterne-Küche gar nichts. Wer nur sein bestimmtes Programm abspulen will, ist fehl am Platz. Jeder Koch muss Begeisterung in sich tragen und den Wunsch, die Gerichte optimal zuzubereiten, Fehler und Nachlässigkeiten sind verboten. Mit dieser „Das-krieg-ich-schon-irgendwie-hin"-Einstellung, die manche zu ihren Berufen haben, ist man in der Topküche zum Scheitern verurteilt.

Ein Mittagessen und das Gespräch darüber, eignet sich für mich perfekt, um einen Bewerber richtig beurteilen zu können. Zudem bekomme ich in einem längeren Gespräch bei Tisch einen persönlichen Eindruck vom Bewerber. Das ist mir ganz wichtig, denn ich lege großen Wert darauf, mit menschlich angenehmen Kolleginnen und

Kollegen zusammenzuarbeiten. Für Quertreiber ist in meiner Küche nie Platz gewesen. Wir verbringen so viel Zeit auf engem Raum miteinander – da muss die Stimmung gut sein. Ich versuche selbst, dazu beizutragen, indem ich mir zum Ziel setze, mit allen freundlich und fair umzugehen. Ich denke, das ist mir fast immer gelungen. Geschrei gibt es bei mir nicht, keine lauten Flüche, keine Beschimpfungen. Das mag jetzt komisch klingen, weil solche rüpelhaften Verhaltensweisen in anderen Berufen ohnehin ausgeschlossen sind. In manchen Küchen hingeben ging – und geht – es ziemlich rau zu. Ich habe mich in so einem Arbeitsklima nie wohlgefühlt. Die meisten Mitarbeiter bringen ohnehin viel bessere Leistungen, wenn sie sich wohlfühlen. Unter Druck arbeiten die wenigsten gern und gut. Allerdings erwarte ich in der Servicezeit von allen hundertprozentige Konzentration und Motivation, von den Zehen bis in die Haarspitzen.

Da aber die Küche in Lerbach noch nicht eingebaut war, musste ich mich auf Zeugnisse der Bewerber und ganz normale Gespräche im Büro verlassen, was letztendlich gut geklappt hat. Ein paar Mitarbeiter kamen aus Wertheim, bei den neuen bewies ich ein glückliches Händchen. Am Schluss hatte ich neun Mitarbeiter zusammen. Nur neun? Stimmt, das ist nicht viel, wenn man bedenkt, dass das Restaurant 65 Plätze haben sollte. Aber als sparsamer Mensch wollte ich das Budget vorsichtig verwalten. Das musste ich auch, denn Thomas Althoff war – anders als Adalbert Schmitt – kein freudiger Genießer, der sich mit einem Toplokal einen Traum erfüllte, sondern ein sparsamer Kaufmann. Motto: aus dem Minimum das Optimum herausholen. Leider ging Schmitt, dem ich den dritten Stern sehr gegönnt hatte, am Schluss das Geld aus.

Thomas Althoff würde das wahrscheinlich nie passieren. Er war immer ein kühler Rechner. Allerdings war auch ihm klar, dass mit dem Restaurantbetrieb allein nicht viel Geld zu verdienen war, schon gar nicht am Anfang. Aber das Lokal sollte Gäste nach Lerbach locken, die dann im Hotel übernachten würden. Durch die exzellente Küche sollten Unternehmen animiert werden, in Lerbach Veranstaltungen zu organisieren. Das „Restaurant Dieter Müller" war Teil des Konzepts.

Ein Konzept, das aufging und mittlerweile fest etabliert ist. Viele Toplokale gehören heute zu großen Hotels oder werden von einem Mäzen gefördert, der Spaß an toller Küche hat. Aber ich wollte nicht, dass mein Lokal ein Minusgeschäft wird. Auch wenn ich selbst in Lerbach finanziell nicht engagiert war, so habe ich doch unternehmerisch gehandelt, das war ich Thomas Althoff schuldig.

Neben meiner Beschäftigung als Personalchef machte ich mich auf die Suche nach Geschirr, Besteck und Gläsern. Das war neu für mich, in Wertheim war alles vorhanden gewesen. Regelmäßig schaute ich auch auf der Baustelle vorbei. Das war faszinierend: Das alte Schloss war in weiten Teilen entkernt worden, nun standen nur noch die Außenmauern, innen war alles Rohbau. Bauherren brauchen viel Fantasie! Auf der Baustelle lag Schutt, die Wände waren aufgeschlitzt, Kabel hingen lose aus der Decke. Wenn ich mir dann überlegte, dass wir in ein paar Monaten hier Gäste empfangen wollten, wurde mir etwas mulmig. Jetzt durfte nichts mehr schiefgehen. Doch der konsequente Optimist Thomas Althoff ließ sich nicht aus der Ruhe bringen. „Dann öffnen wir halt einen Monat später", sagte er. „Bei einem Projekt, das auf Jahrzehnte angelegt ist, spielt das keine Rolle." Zum Glück, dachte ich mir, stehe ich nicht als Bauherr in der Verantwortung. Das hätte mich ziemlich bedrückt. Thomas Althoff hatte die Eröffnung von „Schloss Lerbach" mehrfach in der Presse angekündigt, nun warteten alle darauf, dass es losging. Zu viele Verzögerungen konnten leicht als Fehlstart interpretiert werden. Vor allem aber ließen mit jedem Bautag die Einnahmen länger auf sich warten.

Für mich war es in Lerbach wichtig, dass die Küche genau nach meinen Vorstellungen eingebaut wurde. Das Schönste dabei: Es war eine Küche, in der nur für ein einziges Restaurant gekocht wurde! In Wertheim war es eng, laut und oft schwierig, weil sich „Schweizer Stuben" und der bürgerliche „Schober" einen Herd teilen mussten. In Lerbach sollte es zwar auch ein zweites Restaurant geben, aber die Küchen waren strikt getrennt – für mich bedeutete das einen Quantensprung.

Wie so oft hatte Thomas Althoff in Planungsangelegenheiten recht: Am Schluss ging es mit den Bauarbeiten zügig voran, der Boden wurde verlegt, die Küchenmöbel, der Herd und die Backöfen eingebaut. Nun konnten wir unsere ersten Testläufe starten. Endlich!

Die Zeit bis dahin hatte ich genutzt, um mir genau zu überlegen, wie ich in Lerbach kochen wollte. Ich wollte zwar nicht alles über den Haufen werfen, was ich in Wertheim gemacht hatte, aber Lerbach sollte für mich eine neue Epoche einläuten. Ich hatte viele Jahrzehnte gekocht, jetzt wollte ich meinen immer sehr aromareichen Stil bewusst verfeinern und personalisieren. Ich wollte leicht kochen, bekömmlich. Niemand soll beschwert vom Tisch aufstehen. Eine gute Küche ist für mich immer auch eine gesunde Küche.

Ich hatte mir vorgenommen, mehr asiatische Einflüsse in meine Gerichte zu integrieren – meine Reiseeindrücke wirkten eindeutig nach. Curry, Ingwer und Zitronengras hatten bei mir zuvor keine Rolle gespielt, das sollte sich ändern. Mir kam es darauf an, eine frische, leichte Küche zu bieten, die sich nicht nur am klassisch französischen Stil orientierte. Ich wollte die herkömmliche Hochküche um eine Facette erweitern. Gerade die Kombination von Schärfe, Würze, Frische und einer gewissen Süße aus der asiatischen Küche gefiel mir. Ein sehr gutes Beispiel für meine neue Art, ein Gericht zu entwerfen, ist der „Cappuccino von Curry und Zitronengras mit einem Gambaretti-Spieß". Ein Gericht, das ich damals entwickelt habe und in dem das Beste aus verschiedenen Welten vereint ist. Den Schmelz und die Tiefe, die ich durch einen Geflügelfond, Kokosmilch und Sahne erreiche, kombinierte ich mit der Schärfe des Currys und mit der Frische des Zitronengrases. Diesen Cappuccino bereite ich immer noch zu und die meisten Gäste lieben das Gericht – ich ehrlich gesagt auch. Neben diesen neuen Einflüssen wollte ich mich intensiv damit befassen, klassische Gerichte zu modernisieren. Meine Idee war, vermeintlich simple Rezepte neu zu interpretieren und in die Hochküche zu überführen. Ein Beispiel für ein Gericht aus Lerbach dafür sind meine „Champagner-Kutteln mit Pulpo und Blattsalatsauce". Kalbskutteln sind in meiner Heimat Südbaden ein einfaches Gericht, ein günstiges und nahrhaftes Arme-Leute-Essen. Heute mögen es viele Leute nicht mehr. Kutteln sind genau wie Bries, Niere und Leber im Zuge von Bio-Boom und Vegetarismus in Verruf geraten – ich kann das nicht verstehen. Natürlich ist es nicht ideal, jeden Tag Niere oder Leber zu essen, aber hin und wieder sind diese Innereien eine Delikatesse. Auch Fleisch würde ich nicht jeden Tag essen – zwei- bis dreimal die Woche, aber bitte keine großen Portionen.

Doch zurück zu den Kutteln, die ich mit Pulpo, Champagner und Blattsalatsauce serviert habe. Ein wunderbar sämiges und durch den gebratenen Tintenfisch spannungsreiches Gericht – ich habe kaum jemanden getroffen, der es nicht mochte. Zumindest so lange er (oder besser gesagt: sie) nicht wusste, dass es sich bei der Delikatesse um simple Kutteln handelt. Genuss entsteht auch im Kopf.

Ein anderes Beispiel für meine Neuinterpretation der Alltagsküche ist die Variante des Regionalklassikers „Himmel und Erde", also von Apfel-Kartoffelpüree mit Blutwurst – eine kleine Verbeugung vor dem Rheinland. Die Blutwurst kombinierte ich mit gebratener Gänseleber und einer Balsamico-Sauce. So habe ich dem Gericht eine neue Dimension verliehen. Dazu reduzierte ich einen kräftigen Kalbsfonds mit Portwein zu einer sehr konzentrierten Soße. Der alte Balsamico verbindet schließlich die Süße und die Säure.

In der Küche probten wir eifrig unsere neuen Menüs, die fünf beziehungsweise sieben Gänge haben sollten, dazu Amuse bouche und Patisserie zum Schluss. Alles klappte wunderbar. Vor der eigentlichen Eröffnung gab es zwei Vorpremieren, zu denen vor allem Geschäftsleute aus dem Kölner Umland und Freunde von Thomas Althoff eingeladen waren – ein durchweg anspruchsvolles Publikum. „Meine Herren", sagte ich meinen Köchen, „jetzt gilt es. Ich erwarte von Ihnen absolute Konzentration und Leidenschaft. Lassen Sie uns das gemeinsam anpacken." Auch wenn ich immer auf gute Stimmung wert gelegt habe, Schlampigkeit kann ich nicht leiden. Wenn der Service beginnt, ist komplette Konzentration gefragt, dann wird nicht mehr diskutiert. Dann muss alles schnell und reibungslos funktionieren, dann sage ich an oder mein Sous-Chef. Meine Leute wussten das. Als bei unserem Probelauf die abgetragenen Teller zurück in die Küche kamen, guckte ich genau hin. Die Gäste hatten alles bis auf den letzten Bissen gegessen. Oft war der Teller mit einem Brötchen sauber gewischt, perfekt! Wir waren auf dem richtigen Weg.

Die Vorpremieren waren nicht nur die Feuertaufe für die Küchencrew, vor allem die Kellnerinnen und Kellner waren gefragt. Menüs kann man einstudieren, aber die Abläufe im Service, der von meiner Frau Birgit geleitet wurde, konnten wir vorher nicht testen. Das Team spricht sich natürlich ab, die Zuständigkeiten werden genau geklärt. Aber wenn Gäste da sind, muss das Zusammenspiel passen. Das ist nicht einfach. Doch auch dabei lief alles wie am Schnürchen. Beide Abende waren ein Erfolg, die Gäste waren begeistert. Wir konnten der offiziellen Eröffnung beruhigt entgegensehen.

Wir hatten bei der Personalauswahl für den Service nicht nur darauf geachtet, fachlich sehr gute Leute zu engagieren, die schon in der Topgastronomie gearbeitet hatten. Wichtig war uns, dass sie lächeln konnten. Sie sollten ein freundliches Wesen haben, nichts Aufgesetztes. Leider war es damals in den Sterne-Lokalen üblich, mit bitterem Ernst zu servieren. Ich habe das nie gemocht. Die Gäste wollen sich doch wohlfühlen! Sie sind nicht gekommen, um sich von einem verstockten Oberkellner auf mehr oder weniger sanfte Art maßregeln zu lassen, weil er glaubt, sie würden irgendetwas falsch machen, eine Serviette nicht richtig hinlegen oder ein Messer falsch halten. Oder weil sie ein Getränk bestellen, das er unpassend findet. Wenn ein Gast gern ein Glas Bier möchte, dann bekommt er eins. Zum Apéritif kann das im Sommer wunderbar sein. Selbst wenn er lieber Pils als Rotwein zum Fleisch trinkt, akzeptiere ich das. Dass ich eine andere Kombination besser finde, spielt keine Rolle. Kein Gast hat Lust, heute weniger denn je, sich vorschreiben zu lassen, was er zu tun und zu lassen hat. Was manche Gastronomen hin und wieder zu vergessen scheinen: Der Gast bezahlt oft viel Geld. Dafür bucht er aber keine Erziehungseinheit, sondern ein kulinarisches Erlebnis. Als Gastronom darf ich nicht zu verbohrt sein.

ES GEHT LOS!

Am 1. März 1992 war es endlich soweit: Das „Schlosshotel Lerbach"
und das „Restaurant Dieter Müller" öffneten! Wie lange hatte ich auf
diesen Moment gewartet. Ich muss zugeben: Ich war etwas nervös. Es
war ein Gefühl wie vor einem Wettkampf, der endlich beginnen sollte,
damit man nicht länger darüber nachgrübelt, was alles schiefgehen
kann. Ich wollte nun Action, Vorhang auf, Vollgas geben. Die Erwar-
tungshaltung in der Region und in Deutschland – so habe ich es
zumindest empfunden – war riesengroß. Viele Zeitungen hatten über
das Projekt in Lerbach berichtet, viele Kollegen guckten ganz genau,
was ich machte. Doch den größten Druck machte ich mir selbst. Ich
wollte, dass es in meinem Restaurant richtig gut lief, keine Kompromisse, Spitzenklasse. Dafür hatte ich mittlerweile 25 Jahre gearbeitet,
dafür hatten wir uns in den Wochen vor der Eröffnung mächtig ange-
strengt.

Das Verblüffende war: Als die ersten Gäste eintrafen, war es wie immer –
volle Konzentration auf das Kochen, kein Blick links, kein Blick rechts.
Das neue Restaurant, die neue Umgebung, die vielen kritischen Augen –
all das spielte plötzlich keine Rolle mehr. Die Küchenmannschaft
arbeitete von Anfang an prima zusammen, der Service lief perfekt und
vor allem: Meine neuen Gerichte kamen sehr gut an. Die Gäste mochten die intensiven Aromen, die Leichtigkeit, die Eleganz. Sie mochten
die Verbindung von klassischen Gerichten und neuen Stilelementen,
die feinsinnige Art, wie die Teller angerichtet waren. Ich hatte den
Neuanfang geschafft. Ich war glücklich – und Patron Thomas Althoff
ebenso.

Jedes Toplokal muss einen exzellent bestückten Weinkeller haben,
ohne den geht es nicht. In der Regel benötigt man viele Jahre, wenn
nicht Jahrzehnte, um einen entsprechenden Vorrat aufzubauen. Am
besten war es früher, Bordeaux-Weine „en Primeur", im sogenannten
Frühbezug zu kaufen. Bei diesem Verfahren bestellt und bezahlt der

Kunde die Weine vor der Auslieferung. Das heißt, man hat sie noch nicht probiert. Die großen Bordeaux-Güter bieten in der Regel so zuverlässige Qualitäten, dass das kein großes Risiko darstellt. Zudem gibt es Verkostungsnotizen von Sommeliers und Journalisten, die ins Bordelais reisen, um im Frühjahr die neuen Jahrgänge vorab zu testen. Dieser Frühbezug, den auch viele Weinliebhaber nutzen, bietet deutliche Preisvorteile. So lässt sich über Jahre ein Weinkeller füllen. Nachteil: Man braucht Geduld und Zeit!

Diese Zeit hatten wir in Lerbach nicht, weshalb ich mir ein wenig Sorgen machte, wie zufrieden die Gäste mit unserer Auswahl sein würden. Doch unser Sommelier, Christoph Dirksen, hatte gute Arbeit geleistet. Bei den Weißweinen konzentrierte er sich auf Deutschland. Die Roten kamen vorwiegend aus Frankreich und Italien. Damals hatten deutsche Spätburgunder und Lemberger noch nicht die gleiche Klasse wie heute. Auch wenn wir auf alte Jahrgänge aus Burgund, Bordeaux und Piemont verzichten mussten, hatten wir eine interessante Weinkarte. Unser Sommelier empfahl den Gästen viele Weine glasweise. So gab es für jeden Gang die perfekte Weinbegleitung.

Bei der Kalkulation der Weinkarte hatte ich die Devise ausgegeben: keine überzogenen Preise! Natürlich müssen und sollen Gastronomen mit dem Wein Geld verdienen. Aber wenn bei der Preisgestaltung der Faktor vier oder sechs angewendet wird, beginnt es unanständig zu werden. Die meisten Gäste verlieren dann die Lust auf Wein. Bei uns gab es auch keine Mondpreise beim Digestif. Oft wird den Gästen zum Schluss ganz jovial ein Edelbrand angeboten. Manchmal so, dass fast der Eindruck entsteht, es handle sich um eine Aufmerksamkeit des Hauses. Wenn dann ein kleiner Grappa mit 24 Euro auf der Rechnung steht, was mir schon passiert ist, fühle ich mich geneppt.

Wir hatten viele gute Sommeliers in Lerbach. Besonders mochte ich Silvio Nitsche, der immer wunderbar begeistert von den Weinen sprach, die er empfahl, manchmal wirkte er etwas überdreht. Aber viele gute Sommeliers sind ja auch gute Selbstdarsteller, genau wie heute viele Köche. Manche Kollegen sind als Schauspieler fast besser als am Herd, eine eigenartige Entwicklung. Zumal keineswegs dank der Fernsehköche und Kochshows die Restaurants nun besser besucht wären und mehr zu Hause gekocht würde. Mir scheint es, als sei es umgekehrt: Wenn die Leute im TV eine Kochshow gesehen haben, denken sie, sie hätten mitgekocht oder seien selbst essen gewesen, weshalb sie sich nicht an den eigenen Herd stellen. Doch zurück zu dem Sommelier Silvio Nitsche. Als Madeleine Jakits, die Chefradakteurin des „Feinschmecker" einmal bei uns aß, sagte sie zu mir: „Ihr Sommelier spinnt doch ein bisschen, oder?" „Kann sein", entgegnete ich, „aber das ist ein Spinner im positiven Sinn. Der liebt seinen Beruf." Immerhin konnte sie dieser Interpretation zustimmen: „Da haben Sie auch wieder Recht!"

Zwar war ich voller Optimismus nach Lerbach gekommen, aber dass es von Beginn an so exzellent laufen würde, hatte ich nicht zu hoffen gewagt. Mit meiner Art, Klassiker zu modernisieren, traf ich genau den Geschmack der Gäste. Beispielsweise mit der Graupencremesuppe mit geräucherten Schweinebäckchen. Was simpel und sehr nach deftiger Hausmannskost klingt, wurde bei uns schon rein optisch zum Spektakel: Die Suppe war sehr hell, fast weiß, darin lagen klein gewürfelte, knackige, bunte Gemüsewürfel und mittendrin die dunkelroten, fein aufgeschnittenen Schweinebäckchen. Kalbsleber servierte ich mit Pfefferkirschen, Zwiebelconfit und Kartoffel-Zucchini-Küchle und gab dem Gericht damit eine ebenso fruchtige wie pikante Note. Statt Kalbsfilet zu braten, pochierte ich es in Wildkräutern und servierte es mit Morcheln und Kartoffelblini.

Pochieren bedeutet bei mir nicht, dass ich das Fleisch einfach in Brühe gare – das mache ich nur mit Suppenfleisch oder Tafelspitz. Der Trick besteht darin, das mit Olivenöl eingeriebene und in frischen Kräutern gewälzte Fleisch zuerst fest in Frischhaltefolie einzupacken und dann noch einmal stramm in Alufolie zu wickeln. Die Roulade kommt dann in etwa 78 Grad heißes Wasser, wo sie 12 bis 14 Minuten gart, die Kerntemperatur sollte – je nach persönlichem Geschmack – zwischen 50 und 56 Grad liegen. Das messe ich mit einem Fleischthermometer. Diese Art der Fleischzubereitung ist sehr schonend und pur zugleich. Ich mag das sehr gern und war einer der ersten, die das in Deutschland so gemacht haben. Um die Methode noch etwas weiterzuentwickeln, schwenke ich das gegarte Fleisch vor dem Servieren kurz in schäumender Butter, in die ich Kräuter gebe. Dadurch entstehen zusätzliche Röstaromen.

Nicht nur die Gäste mochten, wie wir kochten, auch die Journalisten waren voll des Lobes, genau wie die Tester vom Michelin. Schon im November 1992 erhielten wir unseren ersten Michelin-Stern. Um den Erfolg zu feiern, lud ich mein Team zum Essen ein und zwar in das Restaurant „Goldener Pflug" in Köln. Dort hatte Herbert Schönberner als erster Deutscher 1982 drei Michelin-Sterne erkocht und bis Ende der 1980er-Jahre gehalten. Eckart Witzigmann ist ja Österreicher. Inzwischen hatte der „Goldene Pflug" zwar seine allerbeste Zeit hinter sich, aber es war immer noch ein erstklassiges Lokal. Es atmete noch den Geist der ganz klassischen Hochküche, die Zeit war ein wenig stehengeblieben. Es gab viel Gold, viel Plüsch. Die Kellner servierten in weißen Handschuhen und mit großem Ernst, selbstverständlich herrschte ehrfürchtige Stille im Restaurant. Das lag allerdings auch daran, dass sich bei unserem Besuch nur wenige Gäste an den Tischen verloren. Der Rahmen störte uns nicht, mein Team und ich hatten einen sehr lustigen Abend, das Essen war hervorragend.

Beim Dessert kam der Besitzer zu uns an den Tisch und setzte sich neben mich. Wir plauderten, ich lobte seine Küche. Das Lob gab er zurück. „Sie haben ja einen tollen Erfolg in Lerbach", sagte er. „Stimmt es, dass Sie ständig ausgebucht sind? Könnten Sie uns nicht einmal ein paar Gäste schicken?" Ich war wirklich überrascht. Der höher bewertete, alteingesessene „Goldene Pflug" bat uns Neulinge um Unterstützung! Eine größere Anerkennung unter Kollegen gibt es nicht. Ich sagte, was man in so einem Fall sagt, wenn man freundlich sein will. Dass ich mich über den Erfolg in Lerbach sehr freue und Gastronomen sich natürlich gegenseitig unterstützen müssen.

Ein Versprechen, Gäste weiter zu empfehlen, konnte ich mir nicht abringen, denn für mich war klar, dass sich unsere Gäste im „Goldenen Pflug" wahrscheinlich nicht sehr wohlfühlen würden – wir praktizierten ein ganz anderes Konzept. Bei uns ging es darum, dass sich der Gast ein bisschen wie zu Hause fühlte. Der Service war freundlich und herzlich, wozu meine Frau als Gastgeberin einen wichtigen Teil beitrug. Sie war Ansprechpartnerin, sie ging auf die Wünsche der Gäste ein. Wir zelebrierten keinen klassischen Verhaltenskanon, an den sich die Besucher zu halten hatten. Wir verstanden uns als Dienstleister am Gast – er und seine Wünsche standen im Mittelpunkt. Das galt auch für Essenswünsche. Ein Gast erzählte mir einmal, dass er ein bestimmtes Lokal nicht mehr aufsuchen würde, weil „ich mir nicht vorschreiben lasse, was ich essen soll." In dem Lokal hatte es nur zwei Menüs gegeben, Änderungen unerwünscht. Mittlerweile gibt es einige ambitionierte Restaurants, die nur noch ein einziges Menü anbieten. Das kann man so machen, denn es vereinfacht die Abläufe in der Küche deutlich. Bei dünner Personaldecke ist das ein wichtiger Faktor. Aber Freunde unter den Gästen gewinnt man nicht. Wenn ein Restaurantbesucher einen Wunsch hatte, den ich ohne extremen Aufwand erfüllen konnte, habe ich das immer getan – und bin gut damit gefahren.

Der Umzug von Wertheim nach Lerbach bedeutete nicht nur beruflich, sondern auch privat eine große Veränderung, vor allem für meine Frau. Sie war es gewohnt, ihre engsten Verwandten in der Nähe zu haben. Das war nun anders. Der Abschied war tränenreich, wie hätte es anders sein können. Aber meine Frau klagte nicht. Sie ist unglaublich stark. Ohne sie wäre mein gesamter beruflicher Erfolg nicht möglich gewesen.

In Wertheim hatten wir in einem schönen, von uns selbst gebauten Haus gewohnt, in Lerbach mieteten wir anfangs ein Reihenhaus. Für unsere damals kleinen Kinder war es wunderbar dort aufzuwachsen, denn sie fanden rasch Freunde, doch wir lebten auf weniger Raum. So ein Rückschritt ist nie einfach. Irgendwann wurde uns das Haus zu klein, wir wollten wieder in den eigenen vier Wänden wohnen. Die Suche gestaltete sich allerdings schwierig, schließlich mussten viele Aspekte bedacht werden: kurze Schulwege, kurze Entfernung nach Lerbach, die Gegend sollte ruhig, das Haus nicht zu klein und nicht zu teuer sein. Lange Zeit suchten wir vergeblich, bis uns der Zufall zu Hilfe kam. Wir waren bei Freunden eingeladen und hörten bei dieser Gelegenheit von einem sehr schönen Haus in Odenthal, das verkauft werden sollte. Eigentlich sei es schon vergeben. „Egal", sagte ich, „ich rufe mal an." Der Besitzer, ein Iraner, war sehr höflich und bot mir an, das Haus zu besichtigen, auch wenn er mir keine großen Hoffnungen machte. „Herr Müller", sagte er. „Ich würde gern an Sie verkaufen, aber ich bin bei einem anderen Interessenten im Wort."

Das Haus war großartig, außergewöhnliche Architektur mit einem wunderbaren Wohnraum, am Hang gelegen. Meine Frau war begeistert. Der Besitzer und ich verstanden uns prima. „Wenn der Interessent abspringt, bitte melden Sie sich bei uns", bat ich ihn beim Abschied. Irgendwie hatte ich das Gefühl, dass wir eine Chance hatten. Ein paar Tage später klingelte unser Telefon. „Haben Sie noch Interesse?", fragte der Hausbesitzer? „Ja, natürlich", antwortete ich. „Wann soll ich vorbeikommen?" Wie sich herausstellte, hatte der erste Interessent einen Preisabschlag gefordert. Unsere große Begeisterung für das Haus stellte zwar keine gute Verhandlungsposition dar, aber das war nicht weiter schlimm. Der Preis war absolut fair. Bis heute wohnen wir in diesem Haus in Odenthal, unsere Kinder sind dort groß geworden, mittlerweile ist meine Kochschule dort untergebracht – für uns war es ein Glücksgriff. Es lohnt sich oft, noch einmal nachzuhaken.

AUF TRÜFFELSUCHE

Schon in Wertheim hatte ich sehr gern mit Trüffeln gearbeitet, mit weißen und mit schwarzen. Adalbert Schmitt hatte gute Beziehungen ins Piemont, wo vor allem die wunderbaren weißen Exemplare wachsen. Hin und wieder packten seine Bekannten ein Trüffelpaket und schickten es uns per Post. Das führte zu kuriosen Situationen. Einmal rief mich ein wütender Wertheimer Bahnhofsbeamter an. „Herr Müller, kommen Sie sofort vorbei und holen Sie das Paket ab, das hier für Sie liegt. Das stinkt wie die Pest. Die Leute beschweren sich schon. Das ist nicht zum Aushalten!" Ich konnte mir das Lachen nicht verkneifen. „Das ist kein Gestank, sondern der köstliche Duft von Trüffeln. In Italien würden die Leute vor Freude tanzen." Aber natürlich habe ich sofort einen Mitarbeiter zum Bahnhof geschickt. Ich wollte nicht, dass unserer geruchsintensiven und kostbaren Delikatesse etwas geschieht.

In den 1980er-Jahren waren diese unglaublich aromatischen Pilze noch bezahlbar. Damals kostete ein Kilo weißer Trüffeln etwa 1000 DM, heutzutage ist der Preis etwa achtmal so hoch, 4000 Euro gelten derzeit als normaler Kurs. Und die Preise steigen weiter. Selbst schwarzer Wintertrüffel kostet mittlerweile 1000 bis 1500 Euro das Kilogramm. Wenn ich mir heute Rezepte ansehe, die ich in Wertheim geschrieben habe, erschrecke ich manchmal, wenn ich sehe, wie viel Trüffel ich verwendet habe. Damals bereits eine teure Zutat, ist sie heute fast unbezahlbar, in der Gastronomie sind die Preise dem Gast kaum noch vermittelbar. Noch extremer ist der Preisunterschied, wenn man in die Vergangenheit zurückblickt. Auguste Escoffier, der Begründer der modernen Hochküche und das Vorbild vieler großer Chefs, hat in seinen Rezepten in anderen Größenordnungen gedacht: „Man nehme eine Handvoll Trüffeln." Gute alte Zeiten. Aber das ist über 100 Jahre her.

Trüffeln sind so teuer, weil sie rar sind. Der Vermehrung steht eine simple Tatsache im Weg: Die begehrtesten Sorten lassen sich nicht züchten. Sie wachsen nur in bestimmten Regionen und sind selbst dort schwer zu finden. Allenfalls schwarze Trüffeln lassen sich in begrenztem Maß kultivieren, doch der Aufwand ist groß. Die Wurzeln von

Eichen werden mit Trüffelsporen infiziert, was die Wahrscheinlichkeit erhöht, das in ihrer Nähe schwarze Trüffeln wachsen. In Südfrankreich, vor allem an der südlichen Rhône und in der Provence gibt es richtige Trüffelplantagen. Aber wie gesagt: Der Zuchterfolg ist nicht garantiert, nur die Chance, fündig zu werden, ist größer. Gesucht wird mit speziell abgerichteten Hunden. Auch Schweine erschnüffeln die Pilze, doch das Problem ist, dass sie ihren Fund am liebsten selbst fressen. Hunde sind deutlich gelehriger und mögen ihre Lieblingsleckerli viel lieber als die Pilze. Hunde mit einem ausgeprägten Trüffel-Geruchssinn sind teuer und werden sogar gestohlen, genau wie die Knollen. Das führt zu kleinen und großen Dramen. Ein Bauer in Südfrankreich wurde mehrfach überfallen und seiner Trüffeln beraubt. Er bewaffnete sich mit einem Gewehr und erschoss den nächsten Kriminellen, der ihn bedrohte und bestehlen wollte. Die Tat hat dem Landwirt eine langjährige Haftstrafe eingebracht – und in seiner Heimat zu einiger Berühmtheit verholfen.

Weil ich Trüffeln so gern mag und mich die Geschichten drum herum so faszinieren, wollte ich unbedingt einmal mit auf Trüffelsuche gehen. Die Organisation einer Suche nach der Schwarzen Trüffel war kein allzu großes Problem. Ein Weinhändler, mit dem ich in Lerbach viel zusammenarbeitete, organisierte eine Tour in der Provence. Wir starteten tagsüber mit einem Trüffelsucher und dessen kleinem Mischlingshund. Nicht-reinrassige Hunde haben oft einen besonders guten Geruchssinn. Tatsächlich dauerte es nicht lange, bis der Hund unter einem Baum anschlug. Wir hatten kleine Harken dabei und gruben die Erde etwa zehn Zentimeter tief auf, ganz vorsichtig. Nach kurzer Suche stießen wir auf ein paar schwarze Knollen. Wir verstauten die Trüffeln in einem Baumwollsäckchen und machten uns auf den Heimweg. Zur Feier des Fundes gab es ein paar Crostini, auf die wir geputzten frischen Trüffel hobelten, dazu ein Glas Rotwein. Eine großartige Kombination! Und ein nettes, aber ziemlich unspektakuläres Erlebnis.

Die Organisation meines Trips zu den weißen Trüffeln, die vor allem im Piemont wachsen, war kompliziert. In Lerbach hatte ich engen Kontakt zu einem Trüffelhändler, der im Winter, dann ist Hochsaison, regelmäßig bei mir vorbeikam. Dario, so hieß er, breitete ein Tuch aus und verteilte darauf mehrere Kilo weiße Trüffeln, kleinere Knollen, größere Knollen. Ein unglaublicher Duft strömte durch die Küche. Das war jedes Mal wunderbar betörend. „Herr Müller, suchen Sie sich aus, was Sie möchten." So macht es Spaß, Trüffeln zu kaufen! Die größeren Knollen sind etwas teurer und einfacher zu verarbeiten. Wichtig ist aber vor allem, dass sie fest sind. Gerade weiße Trüffeln sind empfindlich. Wenn sie feucht werden, schimmeln sie schnell, dann ist die Delikatesse verdorben.

„Dario, könnte ich einmal bei einem Trüffelsucher im Piemont mitkommen?", fragte ich den Händler eines Tages. „Das wäre ein Traum für mich!" Direkt nein sagen wollte Dario nicht, aber er wand sich ziemlich. „Das ist schwierig, Herr Müller. Weiße Trüffeln sind eine Geschichte für sich, verstehen Sie? Ich muss sehen, was sich machen lässt." Er erklärte mir das Problem, dass sich weiße Trüffeln nicht wie schwarze züchten lassen. Die Trüffel-Sucher halten ihre Plätze deshalb geheim. Außerdem sollte man nicht vergessen, dass es bei weißen Trüffeln um noch mehr Geld als bei schwarzen Trüffeln geht. Eine erfolgreiche Tour in der Nacht kann Trüffel im Gegenwert eines durchschnittlichen Monatsverdiensts einbringen. Nur, dass die Trüffeleinnahmen wohl kaum versteuert werden. In diesem Geschäft wird viel bar bezahlt.

Eines Tages brachte mir Dario nicht nur weiße Trüffeln, sondern auch die lang ersehnte frohe Kunde mit. „Ich habe einen Trüffelsucher, den Sie begleiten können." Ich war begeistert. Ein paar Tage später brachen wir ins Piemont auf. Von Lerbach aus war das eine lange Fahrt, mehr als zehn Stunden. Aber der Aufwand war mir egal. Wie verabredet fanden wir uns am Abend in einem Restaurant in der Nähe von Alba ein. Dort sollten wir vom Trüffelsucher abgeholt werden. Das Lokal war schmucklos, das Essen gut. Es gab Pasta, Fleisch mit frisch gehobelter Trüffel, schließlich Dessert. Längst waren alle Teller abgetragen und wir hatten schon den zweiten Espresso getrunken. Nichts passierte. Wir warteten. Und warteten. „Sind Sie sicher, dass wir heute und hier abgeholt werden?", fragte ich Dario schon etwas genervt. Der zuckte die Schultern. Ich hatte mir das Abenteuer Trüffelsuche spannender vorgestellt. Bis jetzt saß ich nur in einer Kneipe und wartete. Immerhin hatte ich schon verstanden, weshalb wir unbedingt in der Dunkelheit losziehen mussten. Das, so hatte mir Dario erklärt, hatte nicht nur damit zu tun, dass die Trüffelsucher nicht gesehen werden wollen. Nachts ist die Luftfeuchtigkeit höher, deshalb können die Hunde die Trüffeln besser erschnüffeln. Es ist eine Wissenschaft für sich.

Als ich die Hoffnung schon fast aufgegeben hatte, erschien ein alter Herr mit Stock in dem Lokal, er dürfte mindestens 70 gewesen sein. Zielstrebig ging er auf Dario zu, schüttelte seine Hand, begrüßte mich kurz und sagte knapp: „Andiamo!" Auf geht's! Eine Szene wie aus einem Mafiafilm. Schweigend stiegen wir in seinen alten Kombi, im Gepäckraum dösten zwei Hunde. Wir kurvten eine Weile scheinbar ziellos durch die Gegend und fuhren schließlich mit Standlicht einen Waldweg entlang, der Vollmond spendete milchiges Licht. Wir liefen über eine Lichtung. Der alte Mann mit Gehstock sagte kein Wort. Dario auch nicht. Ich war mittlerweile komplett orientierungslos, genau das war wohl Sinn der Sache. Das Ganze war so mysteriös wie ich es mir vorgestellt hatte.

Nachdem wir etwa 20 Minuten gegangen waren, ließ der Trüffelsucher die beiden Hunde von der Leine. Einer hieß Whisky, er sprang sofort davon. Schon wenig später schlug er an, begann zu graben und wedelte mit dem Schwanz. Der Hund bekam ein Leckerli und legte sich hin. Keine Frage, Whisky war gut abgerichtet. Der alte Mann bückte sich, löste mit einer Schaufel etwas sandige Erde und ließ mich daran riechen – sogar der Boden duftete nach Trüffeln! Es war unglaublich. Wir gruben vorsichtig und stießen auf mehrere kleine weiße Knollen. Ich fand drei Stück, die ich behalten durfte. Die Pilze dufteten viel stärker als die Exemplare, die mir Dario immer brachte.

Große Lust, uns noch weitere Plätze zu zeigen, hatte der alte Mann nicht. Wir gingen wieder zu seinem Wagen zurück und fuhren zu dem Restaurant, wo unser Auto parkte. Eine kurze Verabschiedung, das war es. Der Mann stieg in seinen Kombi und verschwand in der Nacht. Wir schliefen ein paar Stunden im Hotel. Am nächsten Morgen starteten wir früh zurück in Richtung Lerbach. Der Abendservice wartete auf mich, die Trüffeln verwendete ich sofort, zart über ein Risotto gehobelt, pur, klar, intensiv. Mein Auto duftete nach dem Ausflug ins Piemont wochenlang nach Trüffeln.

Mit Dario hielt ich noch viele Jahre lang Kontakt. Er lieferte uns nicht nur weiße Knollen. Im Februar und März besorgte er uns schwarze, die ich für viele Gerichte bevorzuge. Sie sind nicht ganz so intensiv, nicht ganz so dominant, und günstiger sind sie auch. Um auch im Sommer mit Trüffeln kochen zu können, haben wir in Lerbach jeden Winter größere Mengen schwarze Trüffeln eingekocht, oft zehn oder zwanzig Kilogramm, je nach Preis. Dazu haben wir aus Süßwein, Portwein, Cognac, Brühe und etwas Salz einen Fond zubereitet und die gebürsteten Trüffeln etwa zehn Minuten lang gegart. Danach haben wir sie in kleine Einweckgläser gefüllt, etwa zur Hälfte mit dem Sud bedeckt und in zirka 20 Minuten im Konvektomat bei 160 Grad Celsius haltbar gemacht. In unserem Wertschrank im Keller warteten die gekühlten Trüffeln auf ihren Einsatz. In Lerbach habe ich damit einen meiner Klassiker gekocht: „Trüffeln in Blätterteig", ein Gericht das Raffinesse und Klarheit verbindet.

IM TEAM ZU DEN STERNEN

Das Restaurant und das Hotel in Lerbach liefen von Anfang an bestens. Als wir acht Monate nach der Eröffnung den ersten Michelin-Stern erhalten hatten, nahmen wir den zweiten ins Visier. Das hieß: immer mit absoluter Konzentration kochen, keine Kompromisse bei der Qualität eingehen und die Gerichte stets kreativ weiterentwickeln. Doch man kann in der Küche noch so gut sein, wenn der Service in einem Top-Restaurant nicht stimmt, kommen die Gäste ungern wieder. Für einen Koch mag das etwas desillusionierend klingen, weil sein Schaffen nicht entsprechend gewürdigt wird. Ich habe aber eher immer eine zusätzliche Chance darin gesehen, mit dem Service weitere Pluspunkte bei den Gästen sammeln zu können.

In Lerbach war meine Frau Birgit die Gastgeberin. In einem klassischen Restaurant gab es diese Position zwischen Restaurantleiter und Bedienung nicht. Doch auch diese Beschreibung trifft es nur unzureichend. Meine Frau war die erste und wichtigste Ansprechpartnerin für die Gäste. Sie begrüßte sie, sie begleitete sie zum Tisch, sie erklärte ihnen das Menü und nahm ihre Bestellungen auf. Sie wusste, wer welche Gerichte besonders mochte oder welche nicht. Wenn Gäste Sonderwünsche hatten, wenn sie darum baten, ein Gericht zu verändern, wenn sie Appetit auf etwas hatten, was nicht auf der Karte stand, dann sprachen sie meine Frau an, die sich darum kümmerte. Das funktionierte natürlich auch deshalb so gut, weil ich meiner Gattin kaum einen Wunsch abgeschlagen konnte. Wenn sie also in die Küche kam und berichtete, sie habe einem Gast gerade ein besonderes Gericht in Aussicht gestellt, konnte ich eigentlich gar nicht nein sagen.

Meine Frau wusste auch genau, wer gerne wo saß. Wenn es bei Tischreservierungen eng wurde – und das kam zum Glück häufig vor – fand sie Lösungen. Da sie ein exzellentes Gedächtnis hat, kannte sie die Gäste schnell. So entstand ein persönliches Verhältnis. Genau das wollte ich erreichen. Das Restaurant „Dieter Müller" sollte nicht nur kreative Hochküche bieten, sondern ein komplettes Genusserlebnis, bei dem sich die Gäste rundum wohlfühlen.

So wichtig meine Frau für die Gäste war, so wertvoll war sie auch für das Team. Da wir mittags und abends geöffnet hatten und unsere Personalausstattung zwar ordentlich, aber alles andere als üppig war, mussten alle im Service richtig anpacken. Das klappt nur, wenn die Stimmung gut ist. Dazu trug meine Frau einen großen Teil bei. Samstags backte Birgit zu Hause oft einen Kuchen und stellte ihn der Mannschaft als kleine Stärkung hin. Ein Detail, aber die Mitarbeiterinnen und Mitarbeiter wussten das zu schätzen. Meine Frau hatte für alle ein offenes Ohr. Wenn jemand ein Problem hatte, versuchte sie bei der Lösung zu helfen. Schließlich ging es darum, mehr zu sein als eine Zweckgemeinschaft. Wir wollten ein verschworenes Team sein, das höchste Qualität anstrebt – und Spaß bei der Arbeit hat. Ich glaube, und darauf bin ich stolz, dass uns das gelungen ist.

Nur wenn sich die Mitarbeiterinnen und Mitarbeiter wohlfühlen, bleiben sie längere Zeit. Natürlich müssen Jungköche und junge Servicekräfte wie erwähnt viel reisen und viel kennenlernen. In den Spitzenpositionen eines Restaurants hingegen sollte es nicht zu viele Wechsel geben. In der Küche leidet die Qualität. Vor allem mögen es die Gäste von Personen bedient zu werden, die sie kennen.

In Lerbach haben viele Mitarbeiter sehr lange bei uns gearbeitet. Einer war unser Maître, André Thomann. Er kam Ende der Neunzigerjahre, nachdem er in vielen französischen Toplokalen Station gemacht hatte. Der gebürtige Elsässer hat mit seinem Gefühl für Ästhetik und seinem Engagement viel für das Restaurant getan. Ihm habe ich beispielsweise unsere legendäre Käseauswahl zu verdanken.

„Herr Müller, in Frankreich hat der Käse eine große Bedeutung zum Abschluss eines Menüs", sagte André Thomann zu mir kurz nach seinem Start. „Lassen Sie uns das auch hier versuchen." Ich hatte nichts dagegen, im Gegenteil. Aber wie sollte das gehen? „Woher bekommen wir den Käse? Wie lagern wir ihn? Und wer packt die ganzen Sorten ein und aus?", wollte ich von ihm wissen. Den Käse, so erklärte er mir, wolle er von mehreren Händlern aus Straßburg beziehen. „Für die Lagerung brauchen wir einen Extra-Kühlschrank, und das Ein- und Auspacken übernehme ich." Der gute Herr Thomann hatte sich schon ein paar Gedanken gemacht! Ich war einverstanden. Toller Käse ist ein sehr schöner Abschluss, und wir würden damit wieder ein Zeichen setzen. Später haben wir mit Bernard Antony zusammengearbeitet, einem legendären elsässischen Händler und Affineur, also einem Spezialisten, der dafür sorgt, dass die Käse perfekt reifen.

Maître Thomann hatte noch eine Idee: „Gut wäre es, wenn wir zu den Käsesorten ein paar Confits reichen könnten." Gesagt, getan. Wir kochten – je nach Saison – verschiedene Fruchtconfits: aus Äpfeln, Quitten, Mirabellen, Feigen oder Pflaumen. Die passten wunderbar zum Käse. Da Thomann ein Perfektionist war, wurde aus dem ursprünglich geplanten Käsewagen ein großer Tisch mit bis zu 160 Sorten. Viele Gäste waren begeistert und stellten sich mit großer Freude – beraten von André Thomann – ihre persönliche Käseplatte zusammen. Wenn alle Feierabend hatten, packte er den Käse wieder ein und stellte ihn kalt. Das dauerte gut eine halbe Stunde.

Schritt für Schritt verbesserten wir das Restaurant. Viele zufriedene Gäste und Kritiker lobten uns. Der Michelin hatte uns bereits 1994 den zweiten Stern verliehen. Nun warteten und hofften wir auf den dritten, allerdings ohne jede Ungeduld. Aus dem Stand hatten wir das Restaurant – und auch das Hotel – als Spitzenbetrieb etabliert. Damit konnten wir wirklich zufrieden sein. Ich war ohnehin entspannter als in Wertheim, denn ich begriff immer mehr, dass Bewertungen zwar wichtig sind, doch noch viel wichtiger sind zufriedene Gäste, die für eine gute Auslastung sorgen – genau das war bei uns der Fall. Deshalb blieb ich gelassen, als sich im November 1997 der Deutschlandchef des Michelin bei mir meldete und fragte, ob er an einem Montag in zwei Wochen vorbeikommen könne, am 24. November. „Das ist schlecht", sagte ich. „Montag ist geschlossen." Er beharrte auf dem Termin. „Es ist nichts Schlimmes und dauert nicht lang." Da begriff ich endlich, was der Besuch bedeuten konnte: die Verleihung des dritten Sterns. Außer mit meiner Frau sprach ich mit niemand über meine Vermutung. Ich wollte das Schicksal nicht herausfordern.

Kurz nach dem Anruf fuhr ich nach Baiersbronn in die „Traube Tonbach", dort war eine Gault-Millau-Veranstaltung. Die Stimmung war gelöst, viele Kollegen waren gekommen, wir aßen und tranken. Es war schon spät als der Gault-Millau-Chefredakteur Manfred Kohnke in die fröhliche Runde warf: „Ich weiß nicht, ob ich es schon verraten soll, aber einer der hier Anwesenden bekommt bestimmt den dritten Michelin-Stern verliehen. Wer das wohl sein könnte? Sie vielleicht, Herr Müller?" Ich glaube, ich bin nicht allzu rot geworden, als ich dementierte: „Davon weiß ich nichts, aber ich würde den Stern nehmen." Im allgemeinen Gelächter gingen die weiteren Spekulationen unter – und ich ging zügig auf mein Zimmer.

Am 24. November, dem Geburtstag meines Sohnes Sebastian, fuhr ich zusammen mit meiner Frau morgens ins Schloss, um ein paar Canapées vorzubereiten. Kleine, belegte Brötchen der feineren Art. Mit Gänseleber, mit mariniertem Lachs, mit exzellentem Käse. Ich wollte kein Menü kochen, aber so ganz ohne Essen wollte ich den Repräsentanten des Michelin auch nicht empfangen. Dazu holte ich eine schöne Flasche Champagner aus dem Keller. Zu meiner Überraschung kam der Deutschland-Chef nicht allein. Er brachte seinen Kollegen aus Paris mit. Das war ein klares Zeichen. So viele Jahre hatte ich auf die höchste Auszeichnung für Köche hingearbeitet, doch als es nun soweit war, ging alles viel schlichter über die Bühne, als ich es mir ausgemalt hatte.

„Herr Müller, wie Sie wissen, überbringen wir die Nachricht von einer Herabstufung nicht persönlich", sagte der deutsche Michelin-Vertreter. Sein französischer Kollege schwieg – und das sollte auch so bleiben. „Deshalb können Sie sich denken, weshalb wir hier sind." Ich zögerte, aber der Tester erwartete gar keine Antwort. „Sie arbeiten seit so vielen Jahren auf höchstem Niveau. Heute haben wir Ihnen als Auszeichnung dafür den dritten Stern mitgebracht." Da war er also! Wir hatten es geschafft, als drittes Restaurant in Deutschland. Ich bedankte mich herzlich. Aber weder meine Frau noch ich wussten so recht, was wir sagen sollten. Und die beiden Herren hatten in der Tat nicht vor, besonders lange zu bleiben. Wir tranken ein Glas Champagner, aßen ein paar Canapées, dann machten sich die beiden wieder auf den Weg. Am Abend feierten wir gleich doppelt – den Geburtstag von Sebastian und den dritten Stern.

Durch den dritten Stern hatte ich in der öffentlichen Wahrnehmung sehr an Bedeutung gewonnen. Das merkte ich unter anderem daran, dass mein Telefon nicht mehr stillstand. Viele Kollegen riefen mich an, um mir zu diesem Erfolg zu gratulieren, aus Deutschland, aus Frankreich, aus der ganzen kulinarischen Welt. Und es meldeten sich sehr viele Zeitungen, Zeitschriften, Radiostationen und Fernsehsender. Ich telefonierte zwei Tage lang mehr oder weniger ununterbrochen und gab Interviews. Zum Glück blieb noch genügend Zeit, um ausgiebig mit dem Team in Lerbach zu feiern!

Für mich und die gesamte Mannschaft war die Auszeichnung eine Genugtuung und Anerkennung. Für das „Schlosshotel Lerbach" war der dritte Stern ein weiterer Schlüssel zum Erfolg. Thomas Althoffs Kalkül, über Spitzengastronomie Gäste ins Hotel zu bekommen, ging auf. Eine Strategie, die er später in Bensberg mit dem „Vendôme" und Chefkoch Joachim Wissler erneut erfolgreich umsetzte. Wissler ist herausragend kreativ, er versucht viel Neues, nicht alle mögen das – ich finde seine Küche großartig.

Ein dritter Stern ist kein Zieleinlauf nach einem anspruchsvollen Langstreckenlauf, er ist der Startschuss für die nächste Etappe. Gerade das macht es so schwer: Zu Spitzenleistungen sind viele Köche an einzelnen Abenden in der Lage. Das ist wie bei einer unterklassigen Fußballmannschaft, die es in einem Spiel schafft, einen höher eingestuften Gegner zu schlagen. Diese gute Leistung regelmäßig zu bringen, ist schwierig. Wie im Sport geht das auch in der Küche nur mit einer guten Mannschaft und einer perfekten Organisation. Das heißt: Es gibt einen Posten für die kalte Küche, den „Garde Manger". Ein Koch kümmert sich um Suppen, Gemüse und Beilagen, das ist der „Entremetier". Der „Poissionier" ist für die Fische, Krustentiere und die entsprechenden Soßen zuständig, der „Saucier" für Fleisch und Soßen. Klassischerweise bereitet der Küchenchef das Fleisch zu, es gilt als zentrales Element und ist schlicht teuer. Da sollte nichts schiefgehen. Da meine Liebe seit jeher Fischgerichten gilt, habe ich den Posten des Saucier oft meinem Sous-Chef überlassen und mich um Hummer, Langustinos, Seeteufel, Steinbutt und Co. gekümmert. Aber natürlich sprang ich überall ein, wo es notwendig war. Wenn bei einem Mitarbeiter etwas nicht klappte, war ich zur Stelle. Mit dem dritten Stern durfte nun gar nichts mehr schief gehen, die Latte lag noch höher.

Es gibt ja viele Küchenchefs, die sich über die Jahre mehr und mehr aus dem Tagesgeschäft verabschieden und sich vorwiegend um Administration, Repräsentation und die abendliche Tischrunde kümmern. Bei mir war das nicht so. Auch nach 35 Jahren als Koch hatte ich riesigen Spaß an meinem Beruf und arbeitete jeden Tag mit Freude am Herd.

Besonders wichtig für einen Küchenchef ist sein Sous-Chef, der ihn vertreten kann, der ihn unterstützt und hilft, die Qualität immer hoch zu halten. In Wertheim war das bei mir für einige Zeit der exzellente Hans-Stefan Steinheuer. In Lerbach habe ich viele Jahre mit Nils Henkel zusammengearbeitet. Er kam Mitte 1997 zu uns. Ich merkte schnell, dass er nicht nur begabt, sondern auch diszipliniert und ehrgeizig war. Nachdem er verschiedene Posten betreut hatte, machte ich ihn zu meinem Sous-Chef. Die Zusammenarbeit klappte hervorragend, wir verstanden uns in der Küche gut und Nils Henkel nahm mir einige Büroarbeiten ab, worüber ich sehr froh war – unter anderem kamen mir seine Computerkenntnisse zugute!

Als ich Lerbach verließ, übernahm Nils Henkel die Leitung des Restaurants. Wie viele meiner Schüler hatte er großen Erfolg. Hatte ich in Wertheim viele Köche ausgebildet, die in den 1990er-Jahren für Furore sorgten, wie Hans-Stefan Steinheuer, Karl-Josef Fuchs, Ingo Holland und Johann Lafer, bildete sich in Lerbach die jüngere Generation bei mir fort, darunter Köche, die zu den besten in Deutschland gehören. Zuerst fällt mir da Sven Elverfeld ein, der 1992 und 1993 bei mir war und den ich sehr schätze. Er ist einen ähnlichen Weg gegangen wie ich: Er hat ein Restaurant aufgebaut und es auf das höchste Niveau gehoben. Er hat bei null begonnen und drei Sterne erreicht. Schon in Lerbach zeigte sich bei Sven Elverfeld die erfolgsversprechende Paarung aus Geschick, Talent, Ehrgeiz und einer Persönlichkeit, die Drucksituationen aushält. Elverfeld wusste, was er wollte, und er wollte viel. Wir sprachen über seine Zukunftsplanung, deren Umsetzung er konsequent anging. Als er Ende der 1990er-Jahre zur „Ritz-Carlton"-Gruppe ging und die Chance bekam, in Wolfsburg das „Aqua" aufzubauen, hat er beherzt zugegriffen. Viele waren damals skeptisch: ein Luxushotel und ein Toplokal neben dem VW-Werk? Man brauchte viel Vorstellungskraft, um sich auszumalen, dass das funktionieren konnte. Sven Elverfeld hatte diese Kraft und er hat sich durchgesetzt. Ich weiß, wie schwer es ist, aus dem Nichts etwas Großes zu schaffen. Deshalb kann ich nur sagen: Glückwunsch, Sven Elverfeld! Das „Aqua" gehört für mich zu den besten Restaurants in Europa. Und, zugegeben, ein wenig stolz bin ich schon, dass einer meiner Schüler so erfolgreich ist.

Neben Sven Elverfeld hatte ich einen anderen Schüler mit ähnlicher Begabung. Er hat eine ganz andere Richtung eingeschlagen. Claus Weitbrecht kam auf Empfehlung direkt nach seiner Lehre nach Lerbach. Oft sind die jungen Köche dann noch etwas unsicher, nicht so Weitbrecht. Er war handwerklich unglaublich geschickt und wissbegierig. Nachmittags wollte er seine Pause gar nicht nehmen. „Chef, ich bleibe lieber in der Küche." So wie ich einst in Bern! Ich förderte Claus Weitbrecht. Es ist schön zu sehen, wie sich ein Talent immer weiter entwickelt. Obwohl er so jung war, nannte ich ihm manchmal ein paar Zutaten und bat ihn, sich Gedanken über eine Vorspeise für das nächste Menü zu machen. Tags darauf hatte er einen Vorschlag ausgearbeitet, der oft sehr gut war. Schweren Herzens ließ ich ihn nach eineinhalb Jahren ziehen. Er musste weitere Erfahrungen sammeln. Weil ich ihn so sehr schätzte, rief ich Marc Haeberlin von der „Auberge de l´Ill" an. „Marc, ich habe einen ganz tollen jungen Koch. Kann er zu dir kommen?" Da Marc sehr viele Anfragen hatte, war er zurückhaltend. „Dieter, aber nur, wenn er wirklich so gut ist, wie du sagst." „Das kann ich dir versprechen." Nachdem Claus Weitbrecht ein paar Monate in dem elsässischen Drei-Sterne-Lokal gearbeitet hatte, meldete sich Marc bei mir. Er war ebenso begeistert wie ich. Danach ging Claus Weitbrecht ins „Sonnora" zu Helmut Thieltges, der nächste Erfolg. „Dieter, hast du noch ein paar mehr solcher Köche?", fragte mich Thieltges. „Dann schick sie mir bitte sofort." Auch dieser Drei-Sterne-Koch war hochzufrieden. Beim „Bocuse d'Or", einer inoffiziellen Weltmeisterschaft der Köche in Lyon, belegte Claus Weitbrecht später den dritten Platz, eine enorme Leistung für einen Deutschen in Frankreich!

Weitbrecht strebte aber keine Karriere in der Hochküche an. Es zog ihn zurück in seinen elterlichen Betrieb, den „Talblick" in Wildberg im Schwarzwald. Dort kocht er sehr gut, teils regional, teils moderne Hochküche. Er kann nicht alles auf diese Karte setzen, das würde die Stammkundschaft vergraulen. Als er einmal zurück nach Lerbach kam, um mit seinen Eltern bei uns zu essen, sagte er zu seiner Mutter. „Hier bin ich als Koch zu Hause." Für mich ist es eine große Freude, wenn ich jungen Köchen viel Wissen und Begeisterung für ihren Berufsweg mitgeben kann – und sie gern zurückkommen. Ich freue mich, wenn meine Schüler erfolgreich sind, so wie Michael Kempf im „Facil" in Berlin oder Christoph Rainer, der in der „Villa Rothschild" toll gekocht hat.

AMUSE-BOUCHE-MENÜ

Bereits in Wertheim hatte ich viel Mühe auf die kleinen Häppchen gelegt, die vor dem Menü serviert werden – Amuse Bouche (zu deutsch: „Mundschmeichler") genannt. In Lerbach verfeinerte ich diese kleinen Vorspeisen weiter. Als der Journalist Wolfram Siebeck eines Mittags zu Gast war, sagte er nach den drei Amuse-Bouche: „Herr Müller, wenn ich noch drei so kleine Tellerchen bekomme, reicht mir das als Mittagessen." Ganz ernst war das nicht gemeint, Siebeck aß sein Menü mit Freude. Aber er bestärkte mich in einer Idee, mit der ich mich schon länger beschäftigt hatte. Ich wollte ein Menü aus vielen kleinen Portionen anbieten. Dazu brauchte ich jedoch kleine Teller und Schälchen, die ich nur schwer fand. Also bat ich Freunde, entsprechendes Geschirr mitzubringen, wenn sie unterwegs waren und zufällig einen Miniteller oder ein kleines, hübsches Schälchen entdeckten. Bald hatte ich eine Grundausstattung beisammen.

Mein Plan sah vor, den Gästen eine Platte mit drei verschiedenen Gänselebervariationen zu servieren, jede in einem eigenen Geschirr. Dann eine Platte mit drei Fischvariationen, dann drei Suppen und drei Fleischgerichte – alles in einer Art Puppengeschirr angerichtet. Zum Abschluss der Höhepunkt: Sechs Minidesserts plus drei Eisvariationen. Falls Sie sich wundern sollten, weshalb wir gerade bei den Desserts so großzügig waren – das hatte einen guten Grund: Mit den Jahren stellte ich fest, dass viele Gäste ihre Beurteilung eines Restaurants von den Nachspeisen abhängig machen, auch Männer! Mir ist es deshalb wichtig gewesen, exzellente Nachtische zu kredenzen. In Lerbach hatte ich das große Glück, mit Frédéric Guillon einen herausragenden Patissier im Team zu haben: begabt, kreativ, schwungvoll und voller Liebe zu seinem Beruf.

Ein ebenso bemerkenswerter Patissier ist auch Pierre Lingelser, der in der Schwarzwaldstube in Tonbach arbeitet und die Kunst der Nachtische in Deutschland entscheidend mit geprägt hat. Ich freue mich immer, wenn ich ihn treffe und mit ihm zusammenarbeiten kann. Er ist ein toller Kollege und ein wunderbarer Patissier, ein echter Künstler.

Bei meinem Amuse-Bouche-Menü gab es unter anderem Creme Brûlée von der Gänseleber mit Praline im Pumpernickelmantel, Steinbuttfilet mit Staudensellerieschuppen und Safran-Estragon Fumet, Melonensüppchen mit bretonischem Hummer und Hummereis, Geschmorte Kalbsbäckchen mit Barolosauce und Stielmus, Crémeux von Schokolade und Passionsfrüchten und ein Milchschokoladen-Rum-Eis.

Jedes Gericht war eine Miniatur, ein kleines Kunstwerk, sorgfältig angerichtet. Meine Liebe zum Detail und zur Gestaltung konnte ich komplett ausleben. Das Projekt war ein unglaublicher Aufwand, allein das Anrichten hat sehr viel Zeit gekostet. Aber wieder einmal wurden wir für unsere Anstrengungen belohnt: Nachdem wir 1998 begonnen hatten, das „Amuse-Bouche-Menü" zu servieren, schossen unsere Buchungszahlen für den Mittag – nur dann gab es das Menü – nach oben. Der Samstagmittag war oft über Monate ausgebucht. Wir hatten etwas ganz Neues geschaffen, darauf war ich stolz. Ich freute mich über die Anerkennung, die uns Kritiker und Gäste zollten. Auf seine besondere, stets humorvolle Art hat uns der Manager von Bayer Leverkusen, der sehr beliebte Rainer Calmund im Fußballmagazin „Kicker" gelobt. Er antwortete, auf die Frage, welches sein liebstes Gourmetlokal sei: „Dieter Müller", dort gebe es ein Menü mit 21 Gängen. Das sei genau richtig für ihn. Calmund hat eine wunderbare Art, sich selbst auf die Schippe zu nehmen.

Das Schlosshotel Lerbach war in Deutschland zu einer ersten Adresse geworden. Ich kochte für die First Class der Lufthansa, bei der Bambi-Verleihung, bei der „Goldenen Kamera" und beim „Ball des Sports" mit 2400 Gästen. Das war eine große logistische Herausforderung. Sogar eine Rose wurde nach mir benannt. Der Züchter Delbard fragte mich, welche Eigenschaften mir wichtig seien. „Natürlich der Duft", antwortete ich. Seit 2005 gibt es eine würzig riechende, dunkelrosa blühende Rose, die meinen Namen trägt. Zur gleichen Zeit erschien in der „Collection Rolf Heyne" das opulente Kochbuch „Dieter Müller", das im Jahr darauf von der Gastronomischen Akademie Deutschlands mit der „Goldenen Feder" ausgezeichnet wurde. Für das Buch haben mir die Haeberlins – mein Freund Marc, sein Vater Paul, ein Kochgenius, und Jean-Pierre, dessen Bruder – eine Widmung geschickt, auf die ich stolz bin. „Lieber Dieter, dein Talent als Koch hat die deutsche Küche weltweit erstrahlen lassen. Du bist uns allen ein Vorbild an Genauigkeit und Professionalität. Bravo, Dieter!" Das Lob aus diesem Mund hat mich sehr gerührt. Ich hatte immer versucht, gut zu arbeiten. Als ich die Würdigung der Familie Haeberlin las, wurde mir klar, was ich erreicht hatte. Was wir in Deutschland verändert hatten.

Ich schreibe gern Kochbücher – allerdings nehme ich mir dafür Zeit, es ist mir wichtig, dass die Werke exzellent produziert sind. Dabei habe ich dem Fotografen Thomas Ruhl viel zu verdanken. Er war in Wertheim Gast bei uns und hat mich erst auf die Idee gebracht, ein Buch zu verfassen. „Ihre Gerichte sehen so toll aus und schmecken so wunderbar, das muss man doch abbilden", sagte er. Am Anfang war sogar etwas Überzeugungsarbeit bei mir notwendig, ich habe mich immer nur sehr ungern von meinem Job in der Küche ablenken lassen. Bücher erschienen mir anfangs wie Beiwerk. Zum Glück ist Thomas Ruhl hartnäckig geblieben! Zusammen mit ihm sowie der Fotografin Luzia Ellert und der Unterstützung der Collection Rolf Heyne sind daher wirklich gelungene Werke entstanden.

Je berühmter das Hotel in Lerbach und je bekannter ich wurde, desto prominenter wurden unsere Gäste. Als Fußballfan freute ich mich ganz besonders, als ich erfuhr, dass die brasilianische Fußball-National-mannschaft während der Weltmeisterschaft 2006 in Deutschland bei uns im „Schlosshotel Lerbach" wohnen sollte. Wir hatten schon diverse Erfahrungen mit Fußballern gesammelt, alle waren positiv. Die deut-sche Nationalmannschaft mit Berti Vogts hatte bei uns gewohnt, Real Madrid war da gewesen. Alle Spieler der Königlichen im Anzug, vor-nehm, elegant. Jupp Heynckes hatte uns besucht und natürlich Rainer Calmund und viele andere. Nie hatte es Probleme gegeben.

Doch die vermeintlich lockeren Fußballer aus Südamerika entpupp-ten sich als kapriziöse Gäste. Aber vielleicht muss ich besser sagen: Ihr Umfeld, das Management, war unglaublich kompliziert und wollte unbedingt verhindern, dass irgendjemand aus dem Hotel oder dem Restaurant Kontakt zu den Spielern aufnahm. Einmal wollte mich der Trainer sogar der Bar verweisen. Die Kicker durften zwar bedient werden, aber alles, was darüber hinausging, war verboten. Natürlich hätten sich viele Kolleginnen und Kollegen aus dem Service gern ein Autogramm geholt, oder sich ein Trikot von einem der Stars unterschreiben lassen – aber das stand auf der roten Liste. Dafür nahmen sich die Brasilianer das Recht heraus, in ihren Zimmern Fußball zu spielen, mit den entsprechenden Folgen für die Einrichtung.

Natürlich weiß ich, dass es sich als Gastronom nicht gehört, schlecht über Gäste zu sprechen, aber das war ein so erstaunliches Erlebnis, da mache ich schon deshalb eine Ausnahme, weil man viel daraus lernen kann – unter anderem, wie weit Image und Wirklichkeit manchmal auseinanderliegen. Diesen Effekt gibt es aber auch andersherum: Wir hatten in Lerbach oft Musiker zu Gast, die als schwierig galten, sich aber als komplett unkompliziert erwiesen. Sie wussten, dass die Damen und Herren, die ihnen Frühstück, Mittagessen und Abendbrot servieren, nicht nur Bedienstete sind, sondern Menschen, denen man Respekt entgegenbringt.

Wir hatten wirklich amüsante Erlebnisse mit unseren Gästen. Einmal war der Sänger Heino mit seiner Frau und Freunden zu Gast. Sie trug eine kleine Trillerpfeife um den Hals, hin und wieder blies sie hinein. Es war bizarr. „Das mache ich, wenn ich meinem Mann etwas sagen will", vertraute sie dem Service an. Ich will nicht immer Heino rufen." Die Stimmung am Tisch der beiden war ausgelassen. Als ich die Runde am Ende verabschiedete, stimmte Heino ein Lied an: „Das Wandern ist des Müllers Lust".

Noch etwas besser hat mir allerdings die Gesangseinlage von Tina Turner gefallen. Die Sängerin aß mit ihrem deutschen Kollegen Herbert Grönemeyer bei uns. Er riet ihr zu Champagnerkutteln mit Hummer und Kalbsbries mit Trüffeln. Nach dem Dessert, als die meisten Gäste schon weg waren, wurde gesungen – beeindruckend. Ein weiteres großes Erlebnis war für mich der Besuch von Mick Jagger, dem Sänger der Rolling Stones. Eines Tages kam eine Servicemitarbeiterin ganz aufgeregt zu mir und berichtete, Jagger sei gerade angekommen. Das Idol meiner Jugend! Wir waren auf seinen Besuch gar nicht vorbereitet. Er wollte sich mit der Rockband U2 treffen, die bei uns wohnten, und musizieren. Jagger war völlig entspannt und sagte, er wolle nur eine Kleinigkeit auf der Hotelterrasse essen. Da saß er faltig und deutlich gealtert, aber sehr cool, mit toller Ausstrahlung und genoss Hummer – bei mir im Restaurant.

DER ABSCHIED

Die Jahre in Lerbach verflogen. 2008 stand ich vor meinem 60. Geburtstag und überlegte, wie ich weitermachen sollte. Elf Jahre waren es, seit wir den dritten Stern verliehen bekommen hatten, meinen 50. Geburtstag hatte ich ein Jahr später groß gefeiert. Nun wollte ich etwas kürzer treten und den schnellen Rhythmus der vergangenen Jahre etwas herunterfahren. Also schlug ich Thomas Althoff vor, eine neue Rolle einzunehmen. Statt wie bislang als Chefkoch, wollte ich dem Restaurant künftig als Patron zu Verfügung stehen. Das operative Geschäft sollte mein Sous-Chef leiten, Nils Henkel. Ich wollte ihn beraten, das Haus repräsentieren und mich weiter um die Kochschule kümmern, die wir 2005 offiziell eröffnet hatten. Davor hatten manchmal Gäste gefragt, ob sie mir einmal über die Schulter schauen dürften. Im normalen Küchenbetrieb ist das nicht möglich. Meine Frau und ich haben deshalb hin und wieder, montags, an unserem freien Tag Kurse angeboten. Die Resonanz war großartig. Mir machte der Unterricht viel Spaß, aber er stellte eine zusätzliche Belastung dar. Oft gab ich ab zehn Uhr Kochstunden, abends stand ich dann in der Restaurantküche.

Meine Idee, Nils Henkel zum Küchenchef und mich zum Patron zu machen, gefiel Thomas Althoff. Ihm war wahrscheinlich ohnehin klar, dass ich irgendwann kürzertreten wollte. Zudem wusste er, dass ich Nils Henkel zu meinem Nachfolger aufgebaut hatte. Um ihn bekannt zu machen, hatte ich ihn regelmäßig zu Veranstaltungen mitgenommen. Er war auf seine Aufgabe gut vorbereitet.

Manchmal können die Pläne noch so gut sein, sie funktionieren doch nicht richtig. Ich merkte bald, dass es nicht einfach ist, Patron zu sein, aber in der Küche nicht mehr das letzte Wort zu haben. Ich bin sicher einigen Mitarbeiterinnen und Mitarbeitern mit meinem Drang zur Perfektion auf die Nerven gegangen. Ich habe immer an mich und meine Arbeit den höchsten Anspruch gehabt. Nun traf ich manchmal auf einen Gast, der Kritik an einem Gericht übte, für das ich gar nicht verantwortlich war. Was sollte ich sagen? Damit keine

Missverständnisse aufkommen: Nils Henkel arbeitete ausgezeichnet. Aber jeder hat eben seinen eigenen Stil.

Ein Jahr später erfuhren meine Frau und ich aus dem Gault Millau, dass das Restaurant nicht mehr meinen Namen tragen sollte. Es wurde zum „Gourmetrestaurant Lerbach". Das war ein Zeichen für uns. Meine Zeit in Lerbach neigte sich dem Ende zu. Im Herbst 2009 kündigte ich, im Februar 2010 verließ ich das Haus, in dem ich fast 20 Jahre lang gearbeitet hatte. Meine Frau war da schon nicht mehr im Restaurant beschäftigt. Es war ein Abschied durch die Hintertür, der nach all dem, was wir in Lerbach erreicht hatten, etwas zu bescheiden ausfiel – zumindest für meinen Geschmack. Ob ich mit Bitterkeit auf das Ausscheiden blicke? Nein. Aber natürlich hätte ich uns eine offizielle Verabschiedung in einem angemessenen Rahmen gewünscht. Wenn man so lange zusammengearbeitet hat, sollte man respektvoll auseinandergehen. Aber das muss jeder für sich selbst entscheiden.

DER NEUBEGINN

Ich war nun 62 Jahre alt, aber voller Energie. Zwar wollte ich keine 14-Stunden-Tage mehr, aber für das Rentnerdasein fühlte ich mich zu jung. Ich beschloss, zu Hause eine eigene kleine, feine Kochschule einzurichten. Mir macht es Spaß, in und für Gruppen zu kochen. Das ist kommunikativ, ich kann mein Wissen weitergeben. Es ist wunderbar zu sehen, wenn Menschen glücklich und zufrieden zusammen gut essen. Daneben wollte ich weiter für den Küchenhersteller „Gaggenau" als Markenbotschafter arbeiten. Für eine Grundauslastung war schnell gesorgt, und eigentlich wollte ich ja gar nicht mehr so viel machen.

Doch dann rief mich Sebastian Ahrens an, der damalige Sprecher der Geschäftsführung von Hapag Lloyd Kreuzfahrten, zuständig für die MS Europa. Auf dem Luxusliner hatte ich als Gastkoch bereits mehrmals gearbeitet. Das hatte viel Spaß gemacht. „Herr Müller, ich würde gern etwas mit Ihnen besprechen. Haben Sie Lust auf der MS Europa in einem kleinen Restaurant zu kochen?" Ich war perplex. Eine neue Festanstellung hatte ich mir gar nicht vorgestellt. „Nicht das ganze Jahr, nur eine bestimmte Anzahl von Tagen. Gemeinsam bauen wir das beste Restaurant auf, das es je auf einem Kreuzfahrtschiff gegeben hat." Das klang verlockend. „Was halten Sie davon, wenn ich Sie besuche, wir gemeinsam kochen und darüber sprechen."

Ein paar Tage später trafen wir uns bei mir zu Hause in Odenthal, ganz in der Nähe von Bergisch-Gladbach. Wir standen in der Küche, schnippelten und sprachen über das Projekt. Nach zweieinhalb Stunden waren wir uns einig! Wir hatten in Sachen Qualität und Anspruch ähnliche Vorstellungen. Für mich klang das wunderbar: In erster Linie ging es darum, gut zu kochen und das Lokal möglichst geschmackvoll auszustatten. Die Kosten dafür spielten eine untergeordnete Rolle. So war es, so ist es bis heute. Nur das Beste für den Gast.

Sebastian Ahrens und Hapag Lloyd hatten es eilig. Im Frühjahr 2010 hatten wir uns getroffen, im September sollte das „Restaurant Dieter Müller" auf der MS Europa starten. Von wegen kürzertreten! Ich hatte schon etliche Kochkurse angeboten, bei Gaggenau war ich im Einsatz. Zusätzlich musste ich jetzt meine neue Küche auf dem Schiff einrichten, Geschirr, Besteck und Gläser aussuchen, Personal einstellen, Menüs schreiben. Ein neues, großes Abenteuer! Ein toller Spaß. Für mich war es ein Neubeginn, wie er schöner nicht hätte sein können. Ich konnte das kombinieren, was ich liebe: kochen und reisen.

Die Kreuzfahrten führen mich zu den exotischsten Plätzen der Erde, an die schönsten Orte. Es ist eine Weltreise, die mich zu immer neuen Gerichten anregt, die mich inspiriert. Es ist eine weitere Etappe auf der großen Genussreise durch mein Leben. Eine Reise, die einst in Auggen, im Markgräflerland, ihren Anfang nahm. Eine Reise, die mich über Müllheim, Bern, Korfu, Wertheim und Bergisch-Gladbach auf die MS Europa geführt hat. Eine Reise, auf der ich wunderbare Menschen getroffen und viel gelernt habe. Für mich geht die Reise durch die Welt der Küchen weiter: Auch nach über 50 Jahren am Herd gibt es für mich Neues zu entdecken! Das liebe ich so an meinem Beruf: Der Genuss hört nie auf.

DANKSAGUNG

Mein ganz besonderer Dank gilt meiner Familie, meinen Kindern, vor allem aber meiner Frau Birgit. Sie hat mich nicht nur bei dem aktuellen Buchprojekt wunderbar unterstützt. Sie hat meine Karriere als Koch erst möglich gemacht, weil sie mir immer die Freiheit gelassen hat, meiner Berufung, dem Kochen, in aller Leidenschaft nachzugehen. Dass sie dabei über viele Jahre als Gastgeberin im Restaurant „Dieter Müller" im Schlosshotel Lerbach stets an meiner Seite war, hat maßgeblich zu unserem gemeinsamen Erfolg geführt. Mit ihrer verbindlichen, offenen Art hat sie den Gästen stets das Gefühl gegeben, absolut willkommen zu sein. Mehr denn je bin ich überzeugt davon, dass es in einem erfolgreichen Restaurant genau darum gehen muss – neben einem guten Essen ist es entscheidend, dass sich die Gäste wohl fühlen. Daran haben meine Frau und ich immer gearbeitet. Danke, Birgit!

Bedanken möchte ich mich auch bei den vielen großartigen Köchen, die über die vielen Jahre in meinem Team gearbeitet haben. Erfolg hat man nur im Kollektiv. Ich habe die Arbeit mit Kolleginnen und Kollegen immer als sehr bereichernd empfunden – und Spaß gemacht hat es auch. Mein Respekt und meine Anerkennung gelten auch den vielen Kolleginnen und Kollegen, die mit dazu beigetragen haben, dass Deutschland heute ein weltweit geschätztes Genussland ist.

Und ich möchte mich bei allen Gästen und Fans bedanken, die mir über die Jahre und Jahrzehnte treu geblieben sind, die meine „Müller-Küche" schätzen und mir immer wieder von meinen Gerichten berichten, die sie als kulinarische Sternstunden erlebt haben. Es war – und ist – eine große Freude für Sie zu kochen.

Vorspeisen und Suppen

Flammkuchen
Gemüse, Chorizo, Pancetta

Zutaten:

Für 4 Personen

Teig:

200 g Mehl

20 g Hefe

60 g Wasser

60 g Milch

1 EL Olivenöl,
kaltgepresst

Salz

Zucker

Mehl zum Ausrollen

Belag:

125 g Crème fraîche

1 Eigelb

1 rote Zwiebel

80 g spanische Chorizo
und Pancetta,
fein aufgeschnitten

1/3 Stange Lauch

1/2 Spitzpaprika, rot

Salz und Pfeffer
aus der Mühle

Zubereitung:

Die Zutaten für den Teig in eine Küchenmaschine geben und zu einem glatten Teig verarbeiten. Den Teig in vier gleich große Kugeln formen und abgedeckt ca. 30 Minuten bei Zimmertemperatur gehen lassen. Den Backstein auf 270 °C vorheizen.

Nebenbei die rote Zwiebel und den Lauch in feine Streifen schneiden. Die Spitzpaprika halbieren, Kerne rausspülen, ebenfalls in feine Streifen schneiden. Die Teigkugeln mit Mehl flach ausrollen und jeweils auf eine mit Mehl bestreute Holzschaufel geben. Die Crème fraîche mit Eigelb verrühren und mit Salz und Pfeffer abschmecken, dann jeden Teigfladen damit dünn bestreichen.
Die Zwiebelringe, das Gemüse, die Chorizo und den Pancetta auf die Fladen verteilen. Danach sofort auf den heißen Schamottstein geben, damit der Teigboden nicht zu feucht wird. Den Flammkuchen etwa 6–8 Minuten auf dem heißen Schamottstein (Gaggenau-Backofen) knusprig backen, aufschneiden und sofort servieren.
Oder ohne Backstein: Den Flammkuchen auf einem Backblech, mittleres Fach bei 220 °C Umluft ca. 10 Minuten backen.

Tipp: Anstatt Chorizo oder Pancetta passen zum Beispiel wunderbar auch klein gewürfelte Aalstückchen.

Crème brûlée und
Praline von Gänseleber

Zutaten:

Für 4–6 Personen

Crème brûlée:

12 cl Geflügel- oder
Kalbsjusreduktion

10 cl Süßweinreduktion
(roter Portwein und
Madeira)

120 g Gänseleber-Terrine

1 Vollei

2 Eigelb

110 g Sahne

Salz und Pfeffer

Praline:

90 g Gänseleberterrine

50 g Pumpernickel,
angetrocknet

10 g Korinthen

Rohrzucker, fein

Zubereitung:

Die Gänseleberterrine im Mixer mit der warmen Geflügeljus
und der Alkoholreduktion fein pürieren und nach und nach
Vollei und Eigelb zufügen. Zum Schluss die temperierte
Sahne untermixen und würzen. Die Masse in kleine Glas-
schälchen füllen und bei 90 °C ca. 1 Stunde im Wasserbad
(auf einem Backblech mit 2 cm Wasser aufgefüllt) im
Backofen pochieren. Die Crème brûlée für einige Stunden
durchkühlen lassen.

Die Gänseleberterrine zu kleinen Kugeln von etwa 15 g
ausstechen. Pumpernickel fein mixen, Korinthen zugeben
und gut mixen. Die Leberkugeln darin wälzen und dann gut
durchkühlen lassen.

Anrichten:

Die Crème brûlée mit feinem, braunen Zucker bestreuen
und mit einem Gasbrenner gratinieren. Je eine Gänseleber-
praline aufsetzen und servieren.

Mariniertes Rinderrohfleisch
Spargel, Thunfisch-Basilikumsauce

Zutaten:

Für 4 Personen

Rohfleisch:
200 g Rinderhüfte,
zweimal durch den
Fleischwolf gelassen
(feine Scheibe)
4 EL Olivenöl, fein
1 Spritzer Balsamico, weiß
1 Msp. Zitronenpfeffer
oder 1/2 TL Zitronensaft
1/2 Knoblauchzehe
1 TL Basilikum,
fein geschnitten
Salz und Tabasco
1 EL Moutarde violette
zum Garnieren

**Thunfisch-
Basilikumsauce:**
150 g Thunfischstücke
in Öl (Dose)
1/2 EL Sardellenpaste
oder 2 Sardellenfilets
1 Sträußchen Basilikum
1 Sträußchen Petersilie,
glatt
2 Eigelb
1 EL Balsamico, weiß
1/2 EL Zitronensaft
1 TL Senf
1 EL Kapern
1/2 Knoblauchzehe
20 cl Olivenöl, mild
Salz
1 Msp. Chili

Spargel:
4 Spargel, weiß, frisch
Salatspitzen (Rucola,
Eichblatt, Frisée, Basili-
kum, Minze, Koriander,
Bronzefenchel)

Salatmarinade:
1/2 EL Balsamico, weiß
1 EL Olivenöl
Salz

Zubereitung:

Für die Thunfisch-Basilikumsauce alle Zutaten – bis auf das
Olivenöl – im Mixer fein pürieren. Danach das kalte Olivenöl
langsam untermixen, bis es eine feine dickflüssige Sauce
wird. Die Sauce durch ein feines Sieb passieren, würzig
abschmecken und bis zum Servieren gekühlt aufbewahren.

Die Spargel schälen, von den Enden ca. 3 cm abschnei-
den. Die Stangen in 8 cm große Stücke zuschneiden.
Diese auf einem Gemüsehobel oder einer elektrischen
Aufschnittmaschine in 2 mm dicke Scheiben schneiden.
Ca. 20 Scheiben in heißem Olivenöl, je Seite ca. 15 Sekun-
den ohne Farbe erhitzen. Auf Papierkrepp legen und auf
Zimmertemperatur abkühlen lassen. Den restlichen Spar-
gel in feine Streifen schneiden und mit Olivenöl, Zitrone,
Salz und Pfeffer marinieren.

Einen Schüsselboden mit einer Knoblauchzehe ausreiben,
das Rohfleisch mit allen Zutaten mit einer Gabel darin gut
vermischen und herzhaft abschmecken.

Anrichten:
Die Spargelscheiben mit je 3 mm Abstand auf die Teller
fächerartig auflegen. Mit Öl abpinseln, mit Salz würzen. In
die Zwischenräume über eine Spritzflasche Sauce verteilen
und Trauben-Senf-Punkte aufspritzen. Rohfleisch über eine
Ringform portionieren, mittig auf die Spargel platzieren. Die
Spargelstreifen mit den Salatspitzen, den Kräutern und der
Marinade vermischen, auf das Rohfleisch verteilen und mit
ofenwarmem Brot servieren.

Tipp: Die Sauce passt als Dip auch wunderbar zu rohen
Gemüsespalten!

Cremig pochiertes Bio-Ei
Spinatpüree, Pilze, Traubensenfsauce

Zutaten:

Für 4 Personen

4 Bio-Eier, im Wasser-
bad bei 70 °C oder
im Dampfgarer bei
100 % Dampf und 72 °C
15 Minuten gegart

300 g Blattspinat oder
250 g TK-Spinat

1/2 Knoblauchzehe

40 g Butter

2 EL Olivenöl

Salz und Pfeffer

120 g Pilze
(Champignons, Austern-
pilze, Shiitake, Pfifferlinge)

1 TL Schalottenwürfel

1/3 TL Thymianblättchen

3 EL Crème fraîche

1 EL Rapsöl

15 cl Gemüse-
Rahmsauce
(je 8 cl Gemüsebrühe
und Sahne aufgekocht
und mit Speisestärke
leicht gebunden)

1 EL Traubensenf,
Moutarde violette
(Feinkostgeschäft)

10 g Butter

1 Msp. Rote-Bete-Granulat
oder 1 TL Rote-Bete-Saft

Salz und Pfeffer

Zubereitung:

Spinat putzen, waschen und in kochendem Salzwasser ca. 20 Sekunden blanchieren. Danach in Eiswasser abkühlen, abschütten und gut ausdrücken. Alternative: Gefrorenen Blattspinat auftauen und sehr gut ausdrücken. Danach klein hacken und in heißer Butter mit gewürfeltem Knoblauch gut erwärmen. Sofort im Mixer mit Butter und Olivenöl sehr fein pürieren, mit Salz und Pfeffer würzen.

Die Pilze säubern, gleichmäßig schneiden. Mit den Schalottenwürfeln und Thymian in heißem Rapsöl ca. 1 1/2 Minuten schwenken. Mit Salz und Pfeffer würzen, Crème fraîche zugeben, cremig einköcheln lassen und warm halten.

Gemüse-Rahmsauce aufkochen, Senf und Rote-Bete-Granulat zugeben, Butter einmixen, würzig abschmecken und warm halten.

Anrichten:

In Gläsern zuerst das heiße Spinatpüree verteilen, darüber die Cremepilze. Pochierte Eier in eine warme Sauteuse öffnen, auf die Pilze platzieren. Mit heißer aufgeschäumter Sauce bedecken und sofort servieren. Nach Wunsch mit einer Thymianblüte garnieren.

Müller's liebster Blatt-Rohkostsalat

Zutaten:

Für 4 Personen

Salat:

100 g Blattsalatmischung, je nach Jahreszeit (Eisbergsalat, Eichblattsalat, Lollo rosso, Feldsalat)
1/2 Fenchel, fein gehobelt
1 Karotte
50 g Sellerieknolle oder Staudensellerie
1/2 Gurke, klein
6 Strauchtomaten, halbiert
6 Radieschen, fein gehobelt
1/2 Apfel, in feine Spalten geschnitten
1 EL Kürbis- oder Sonnenblumenkerne

Sauce:

100 g Joghurt
1 TL Senf, mittelscharf
1 TL Vitam-R (Reformhaus) oder Hefeflocken
1 TL Meerrettich, Glas oder frisch gerieben
1 EL Zitronensaft
1/2 EL Balsamico, weiß und lieblich
1 EL Nussöl oder Rapsöl
2 EL Olivenöl, mild
2 EL Gartenkräuter, feingeschnitten (Petersilie, Dill, Kerbel, Zitronenmelisse)
Salz und Pfeffer

Zubereitung:

Für die Sauce alle Zutaten vermischen und gut würzig abschmecken. Die Gurke schälen, längs halbieren, die Kerne mit einem Löffel herausschaben, in Scheiben schneiden und leicht salzen. Karotten und Sellerie schälen und mittelfein hobeln. Fenchel, Gurke, Karotte, Sellerie und Radieschen mit der Salatsauce gut vermischen. Zum Schluss die gezupften, gewaschenen und geschleuderten Blattsalate und Tomatenecken vorsichtig untermischen. Auf große Teller verteilen und Kürbiskerne darüber streuen.

Tipp: Diesen vitaminreichen Salat kann man auch als vollwertiges Gericht mit kurz gebratenen Hähnchenbruststreifen, Krustentieren oder saftig gebratenem Fisch mit ofenfrischem Brot genießen.

Das Rezept der Salatsauce habe ich von meiner Großmutter übernommen, aber mit den Kräutern und Ölen nach den heutigen Möglichkeiten verfeinert.

Périgord-Trüffel im Blätterteig
Steckrübenpüree, Fumet und Jus vom Trüffel

Zutaten:

Für 4 Personen

4 ganze Trüffel à 30 g
(Glas/Feinkostgeschäft)

4 cl Trüffelfond

5 cl Portwein, rot

10 cl Kalbsjus

2 EL Sahne, geschlagen

50 g Geflügelfarce

50 g Champignons rosé

100 g Blätterteig (TK)

20 g Butterwürfelchen,
kalt

Eigelb-Milchgemisch
(1 Eigelb, 1 EL Milch)

200 g Steckrüben,
geschält und grob
gewürfelt
(alternativ auch Sellerie)

20 g Butterwürfelchen,
kalt

Salz und weißer Pfeffer
aus der Mühle

Zubereitung:

Von den Trüffeln die Schale dünn abschneiden, fein würfeln und für die Sauce zur Seite stellen. Die Champignons putzen und in 3 mm dicke Würfel schneiden. Diese in heißer Butter 1 Minute schwenken, danach abtropfen, abkühlen und mit der Farce vermischen. Blätterteig dünn ausrollen, 4 Trüffel mit Pilzfarce rundum einstreichen, auf den Teig setzen und damit umschließen. Die eingepackten Trüffel mit Abstand auf ein Backblech setzen und kühl stellen.

Für die Sauce 2 cl Trüffelfond, Portwein und Kalbsjus auf 8 cl reduzieren, die Butter köchelnd einrühren, mit Salz und Pfeffer herzhaft abschmecken. Nebenbei die Steckrüben in leichtem Salzwasser weich kochen, abschütten und in einem Küchentuch sehr gut auswringen. Das noch gut warme Gemüse mit den kalten Butterwürfeln im Mixer pürieren. Mit Salz und Pfeffer würzen und warm halten. Zum Servieren die Trüffel im Blätterteig mit Eigelb-Milchgemisch abpinseln und im Backofen bei 200 °C Umluft 12–14 Minuten goldbraun backen.

Anrichten:
Je 1 Esslöffel Steckrübenmus auf heiße Teller verteilen, darauf je einen Trüffel setzen. Die heiße Sauce teilen, in den einen Teil den Rest Trüffelfond und die Sahne einrühren, wenn nötig nachwürzen und zu den Trüffeln geben. Zum Schluss die Jus mit den Trüffelwürfeln als Faden einlaufen lassen und servieren.

Tipp: Den Trüffel können Sie mit frittierten Kräutern noch schöner garnieren. Das Gericht schmeckt nur mit eingekochtem schwarzen Périgord-Trüffel: Beste Erntezeit ist Januar bis Ende Februar.

Dieses Luxus-Gericht wurde in den ersten Jahren der Lerbacher Zeit auf der Speisekarte angeboten.

Suppe von Spinat und Bärlauch, Lammfilet-Kartoffelspieß

Zutaten:

Für 4 Personen

Suppe:

3/4 l Geflügelbrühe

20 cl Rahm

6 cl Weißwein

40 g Kartoffelwürfelchen
(zur Bindung)

150 g Blattspinat

20 g Blattpetersilie

20 g Bärlauch

1 EL Schalottenwürfel

Olivenöl

Salz und weißer Pfeffer
aus der Mühle

Spieß:

100 g Lammfilet

20 g Pancetta,
dünn aufgeschnitten

2 Kartoffeln, klein
(Nürnberger Hörnli)

Salz und Pfeffer

Zubereitung:

Schalotten und Kartoffeln in heißem Olivenöl schwenken, Brühe und Wein zugeben und ca. 12 Minuten köcheln lassen, bis die Kartoffeln weich sind. Rahm, gewaschene Spinatblätter, Bärlauch und Petersilie in die Suppe geben. Kurz aufkochen lassen und sofort im Mixer pürieren und passieren. Die Suppe mit Salz und Pfeffer würzig abschmecken.

Für die Lammspieße die Kartoffeln gut waschen und weich kochen. Zugeschnittenes Lammfilet in Pancetta einrollen. Zum Servieren in heißem Olivenöl ca. 5 Minuten saftig braten, 2 Minuten die Kartoffeln mitbraten. Beides portionieren und auf Holzspieße stecken.

Tipp: In die heiße Suppe 2 Esslöffel Olivenöl geben und mit einem Saucenstab aufschäumen. In Tassen verteilen und mit den Spießen aufgelegt servieren.

Karotten-Ingwersuppe,
Geflügelspieß

Zutaten:

Für 4 Personen

Suppe:

300 g Karotten,
geschält und gewürfelt

15 cl Karottensaft

40 cl Geflügelbrühe
oder Gemüsebrühe

15 cl Sahne

2 EL Lauchwürfel, hell

20 g Butterwürfel

4 cl Noilly Prat

1 EL Ingwer, gerieben

Salz

1/2 Vanilleschote

1 TL Vanillezucker

4 Minimöhrchen,
bissfest gegart
zum Garnieren

Geflügelspieß:

4 Hähnchenbrustwürfel

2 EL Paniermehl
(vom Brötchen)

1 EL Mehl

1 Ei, klein

Salz und Pfeffer

Zubereitung:

Den Lauch und Karottenwürfel in heißer Butter schwenken, mit Noilly Prat ablöschen und zwei Minuten köcheln lassen. Den Karottensaft, Sahne, Ingwer und Brühe zugeben, etwa 15 Minuten köcheln lassen und mit einem Mixstab fein pürieren und die Butter einmixen. Die Suppe fein passieren, mit Salz und Vanille abrunden.

Die Geflügelwürfel mit Salz und Pfeffer würzen. Zuerst in Mehl, danach in verrührtem Ei und zuletzt in Panierbrot wenden. Zum Servieren in reichlich heißem Rapsöl kurz, saftig knusprig braten.

Anrichten:
Aufgeschäumte Suppe in Tassen verteilen. Holzspieße mit Geflügel und Karotte auflegen und servieren.

Cappuccino von Curry und Zitronengras
Garnelenspieß

Zutaten:

Für 4 Personen

Suppe:
50 cl Geflügelfond
10 cl Rahm
20 cl Kokosmilch
4 cl Noilly Prat
4 cl Weißwein, lieblich
1/5 Lauchstange
1 EL Currypulver Madras
1 Msp. Currypaste, grün
4 Stangen Zitronengras,
klein geschnitten
1/2 Apfel (Granny Smith)
2 Scheiben Ananas
1/2 Banane
4 Zweige Petersilie, kraus
10 g Butterwürfel, kalt
Salz

Spieße:
4 Garnelen (TK),
ausgebrochen
1 Prise Currysalz
(1 TL Curry mit 5 TL Salz
vermischen)

Zubereitung:

Klein geschnittenen Lauch und Zitronengras in heißer Butter schwenken. Noilly Prat und Weißwein zugeben, 3 Minuten reduzieren lassen. Mit Geflügelfond auffüllen, 5 Minuten köcheln lassen, dann Rahm, Kokosmilch und Curry hineingeben und weitere 10 Minuten köcheln lassen. Nebenbei den entkernten Apfel, Ananasstücke und Banane mit Petersilie im Mixer sehr fein pürieren und in die Suppe geben. Alles nochmals etwa 5 Minuten sieden lassen, dann durch ein feines Sieb passieren und noch heiß die Butter einmixen. Mit wenig Currypaste und Salz würzig abschmecken.
Die Garnelen mit Currysalz würzen und in Rapsöl 20 Sekunden saftig braten, auf Holzspieße stecken, diese in Tassen verteilen. Mit aufgeschäumter Suppe auffüllen und servieren.

Dieses Süppchen war meine Antwort auf eine sehr scharfe Suppe in Bangkok 1990 – heute ein absoluter Klassiker meines Küchenstils. Ich führte den „Cappuccino" als Begriff auf der Speisekarte ein: eine leichte Suppe mit obenauf aufgeschäumtem Schaum. Und diese Suppe sollte möglichst getrunken und nicht gelöffelt werden! Denn so schmeckt die Suppe sehr viel intensiver – versuchen Sie es mal, es lohnt sich!

Maronen-Crèmesüppchen,
Weißer Albatrüffel

Zutaten:

Für 4 Personen

250 g Esskastanien oder
200 g vorgegarte
Maronen im Vakuum

1 EL Schalottenwürfel

10 g Butter

60 cl Geflügelfond, hell

30 cl Sahne

4 cl Rieslingsekt

2 cl Noilly Prat

20 g Butterwürfel

2 cl Portwein, weiß

Salz und Pfeffer
aus der Mühle

1 Prise Zucker

8 g Albatrüffel,
sauber gebürstet

1 EL Sahne, geschlagen

Zubereitung:

Die Kastanien über Kreuz einschneiden, in einen Gusseisentopf mit Deckel geben und etwa 15 Minuten bei 200 °C im Ofen garen, bis die Schale aufspringt. Noch warm schälen. Etwa 4–8 schöne Kastanien zurückbehalten!
In einer Sauteuse die Schalottenwürfel in Butter anschwitzen, dann die Kastanien dazugeben und mit Geflügelfond, Rieslingsekt, Noilly Prat und Sahne auffüllen. Etwa 8 Minuten köcheln lassen, dann im Mixer fein pürieren, die Butter untermixen und mit Salz, Pfeffer und Zucker abschmecken. Zum Servieren nochmals aufkochen und mit weißem Portwein abschmecken.

Anrichten:

In vier vorgewärmte Tassen etwas geschlagene Sahne geben, die schaumige Suppe einfüllen und den gebürsteten Albatrüffel sehr fein darüber hobeln. Die Kastanien auf Spieße stecken und sofort servieren.

Fisch, Schalen- und Krustentiere

Spaghettini
Vongole, Pulpo, Krevetten, Algen

Zutaten:

Für 4 Personen

300 g Spaghettini

500 g Vongole

150 g Wurzelgemüse,
kleingewürfelt (Sellerie,
Zwiebel, Karotten)

1 Tomate, gewürfelt

200 g Pulpo, gekocht
(siehe Rezept)

4–8 Krevetten,
küchenfertig

1/2 Knoblauchzehe

1 Zweig Thymian

1/2 TL Estragon,
fein geschnitten

1/8 l Weißwein

1 Msp. Safran

40 g Algen,
frisch, kurz blanchiert

2 Poveraden, küchen-
fertig, in Spalten
geschnitten

1/2 Limette

20 g Butter

4 cl kräftiges Olivenöl

12 Tomatenspalten

Salz

1 Msp. Cayennepfeffer

Zubereitung:

Wurzelgemüse und Tomate in wenig heißem Olivenöl kurz anbraten. Die geputzten, noch geschlossenen Muscheln mit Knoblauch und Thymian zugeben. Wein angießen und abgedeckt ca. 3 Minuten köcheln lassen, bis sich die Muscheln geöffnet haben. Die Muscheln aus dem Sud nehmen und aus der Schale lösen. Den Sud fein passieren und mit Safran auf ca. 10 cl einköcheln lassen. Mit Butter und Olivenöl rührend sämig binden. Die gewürfelten Pulpostücke, Krevetten, Vongole, Gemüse und Estragon zugeben. Mit etwas Limettenabrieb und -saft, Salz und Cayennepfeffer gut erhitzen.

Die nebenher in Salzwasser „al dente" gekochten Spaghettini auf ein Sieb schütten, gut abtropfen und sofort in den Topf zu den Meeresfrüchten geben. Gut vermischen, eventuell nachwürzen und auf tiefe Teller verteilen. Mit Basilikumblättern garnieren und servieren.

Tipp: Al dente abgekocht ist, wenn man die Nudel durchbricht und im Inneren noch ein winzig kleiner heller Punkt sichtbar ist!

Gebratene Jakobsmuschel und Garnele auf Karottenconfit, Kokos-Chili-Kaffirfumet

Zutaten:

Für 4 Personen

Je 4 Jakobsmuscheln und Garnelen, küchenfertig

Karottenconfit:

300 g Karotten, geschält und grob gewürfelt

20 g Butter

Salz und Vanillezucker

Chili-Fumet:

2 Stangen Zitronengras

je 10 cl Noilly Prat und Weißwein

40 cl Kokosmilch

50 cl Geflügelfond

1 Msp. Chilischote

1 Strauß Koriander

1 TL Ingwer, gerieben

2 EL Chilisauce, süß-scharf

1 Kaffir-Limette oder 4 Blätter

1/2 EL Limonen-Olivenöl

20 g Butter

Salz

Zubereitung:

Zitronengras klein schneiden, in Butter anschwenken mit Noilly Prat und Weißwein gut reduzieren. Alle weiteren Zutaten, außer der Butter, zugeben und leicht sämig einkochen lassen. Danach passieren, Schale der Kaffir-Limette einreiben, mit Butter und Salz herzhaft würzen, warm halten.

Die Karottenwürfel mit Butter, etwas Salz und Vanillezucker in einer Sauteuse schwenken, 1 Esslöffel Wasser oder Karottensaft zugeben und abgedeckt gerade weich dünsten. Abschütten und sehr gut in einem Küchentuch auswringen. Noch gut warm im Mixer mit der Butter nicht zu fein pürieren. Eventuell nochmals würzen.

Anrichten:

Die Jakobsmuscheln und die Garnelen mit Salz und Pfeffer würzen und in Rapsöl beidseitig saftig braten. Karottenconfit auf tiefe heiße Teller verteilen, je eine Muschel und Garnele auflegen und diese mit aufgeschäumtem Kokos-Chili-Fumet servieren.

Tipp: Eine halbe reife, feste Avocado mit einem Esslöffel fein geschnittenem Koriander, etwas Limonensaft, etwas Chilipulver und einer Prise Salz mixen. Auf die Muscheln aufdressieren und frittierte Karottenscheiben als Segel geschnitten auflegen.

Roulade vom St. Petersfisch
Verveinesauce

Zutaten:

Für 4 Personen

Sauce:

0,2 l Fischfond

10 cl Rahm

5 g Verveineblätter

20 g Butterwürfelchen, kalt

2 cl Champagner oder Weißwein

Salz

Roulade:

400 g St. Petersfischfilet

1 Zitrone

Salz

120 g Lachsfarce (siehe Rezept)

50 g Lachswürfelchen

16 Spinatblätter, groß

Butter für die Form

4 cl Weißwein

Lachsfarce:

80 g Lachswürfel

60 g Sahne

1/2 TL Rote-Bete-Saft

Zubereiten wie die Hechtklößchenfarce!

Zubereitung:

Den St. Petersfisch zu je 2 Filets à 200 g zurechtschneiden. Mit etwas Zitronensaft und Salz würzen. Lachswürfelchen mit Salz und Zitrone würzen und unter die Farce geben. Die Spinatblätter entstielen, gut waschen und 10 Sekunden in kochendem Salzwasser blanchieren. Kalt abschrecken und auf einem Küchentuch 2 Bahnen Blatt für Blatt nebeneinander auslegen. Die Fischfilets rundum 1/2 cm dick mit der Farce bestreichen, auf die Blätter geben und damit die Filets schön einpacken. Eine flache, feuerfeste Form oder Edelstahlpfanne leicht ausbuttern, die Fischrouladen einlegen, die Spinatfläche buttern und mit wenig Fischfond und dem Wein angießen. Im Ofen bei 180 °C ca. 10 Minuten saftig pochieren, herausnehmen und zugedeckt 1 Minute ruhen lassen.

Nebenbei den Fischfond mit Weißwein, Rahm und Verveine mischen und sämig einkochen. Bei milder Hitze die eiskalten Butterwürfel einrühren und mit Salz und Zitrone abschmecken und passieren. Kurz vor dem Servieren mit etwas Champagner oder Weißwein mit dem Stabmixer gut aufschäumen.

Anrichten:

Die St. Petersfisch-Rouladen mit einem scharfen Messer in Scheiben aufschneiden und auf der Sauce servieren. Dazu kann man noch Wildreis oder Butterkartoffeln anbieten.

Tipp: Statt St. Petersfisch kann man auch Zanderfilet nehmen.

Dieses Gericht habe ich für Bundespräsident a.D. Walter Scheel 1979 in Bonn für ein Diplomatenessen kreiert.

Hechtklößchen
mit Grüner Sauce, Kirschtomaten
und Safrankartoffeln

Zutaten:

Für 4 Personen

Hechtklößchen:

250 g Hechtfilet, frisch,
ohne Haut und Gräten

200 g Sahne

2 cl Sherry

1/2 TL Zitronensaft

Salz

1 Spritzer Tabasco

**Kirschtomaten und
Safrankartoffeln:**

8 Kartoffeln,
zugeschnitten

4 Kirschtomaten

1 Msp. Safranpulver

je 1 Thymianzweig
und Rosmarinzweig

Grüne Sauce:

25 cl Fischfond

15 cl Sahne

6 cl Weißwein, trocken

1/2 TL Speisestärke

50 g Kräutermischung,
(Dill, Petersilie, Kerbel,
Sauerampfer, Borretsch)

20 g Butter

1/2 TL Zitronensaft

Salz und weißer Pfeffer
aus der Mühle

Zubereitung:

Das Hechtfleisch klein würfeln und mit der Sahne getrennt im Kühlfach angefrieren. Dann wiederum zuerst das Hecht-fleisch pürieren, aber gleich nach und nach die eiskalte Sahne unterpürieren, wodurch eine glänzende, kompakte Farce entsteht. Die Masse durch ein feines Sieb streichen und in einer Schüssel auf Eiswasser kalt halten. Mit Sherry, Zitronensaft, Salz und Tabasco fein abschmecken.

Für die Grüne Sauce Fischfond, Sahne und Weißwein etwa 5 Minuten köchelnd reduzieren lassen. Danach mit ange-rührter Speisestärke leicht binden. Die Kräuter von den Stielen zupfen, kalt abspülen, grob hacken, mit der heißen Fischsauce und Butter im Mixer fein mixen. Die Sauce durch ein feines Sieb passieren, mit Zitrone, Salz und Pfeffer sehr gut abschmecken und warm halten.

Nebenbei die Kartoffeln in siedendem Wasser abge-schmeckt mit Salz, Safran, Rosmarin und Thymian weich kochen. Kirschtomaten mit Zweigchen über Kreuz leicht einschneiden, etwa 10 Sekunden in siedendes Wasser geben und gleich in Eiswasser abschrecken. Die Häute bis zum Zweig abziehen und zum Servieren in einer Sauteuse mit wenig Salzwasser und Butter abgedeckt erwärmen.

Anrichten:

Mit zwei Esslöffeln von der Hechtfarce acht schöne Nocken formen und diese in einem siedenden Sud aus Salzwasser, abgeschmeckt mit weißem Balsamico und Thymian- zweig, etwa 12 Minuten gar ziehen lassen. Kartoffeln, Tomaten und Hechtklöße auf heißen Tellern platzieren und mit aufgeschäumter Sauce servieren.

Zum 1. Michelin Stern 1974 in den Schweizer Stuben in Wertheim-Bettingen war dieses Gericht als „Hechtklößchen in Weißweinsauce" unter den Spezialitäten im Michelin aufgeführt. Daran kann man die Entwicklung zu heute gut erkennen: Dieses Gericht hatte damals noch einfacheren Ansprüchen Genüge getan. Heute habe ich es durch die Grüne Sauce zeitgemäß verfeinert.

Gebratenes Steinbuttfilet
Kompott von Pfefferzwiebeln, Melone, Safran-Estragonsauce

Zutaten:

Für 4 Personen

4 Steinbuttfilets à 100 g
4 Krevetten, blanchiert
3 EL Wasser-
melonenkugeln
3 EL Zwiebelwürfel,
weiß, blanchiert
8 Ähren, blanchiert
1 EL Olivenöl
Salz und Pfeffer

Safran-Estragonsauce:
25 cl Fischfond
2 cl Noilly Prat
2 cl Weißwein
2 cl Orangensaft
10 g Butterwürfel
1/2 EL Oliven-Limonenöl
1 Msp. Safranfäden
1 Msp. Speisestärke,
angerührt
1 TL Estragon,
fein geschnitten
1 TL Zitronensaft
Salz und Pfeffer

Zubereitung:

Noilly Prat, Weißwein und Orangensaft gut einreduzieren, Fischfond und Safran zugeben und alles auf fast die Hälfte einköcheln. Mit Stärke ganz leicht binden, zum Servieren Safran, Butter und Olivenöl einmixen. Mit Salz, Pfeffer, Zitronensaft und Estragon würzig abschmecken.

Die Steinbuttfilets würzen und in heißem Olivenöl mit Rosmarin und Thymianzweig beidseitig mit wenig Farbe saftig braten (die letzten 30 Sekunden mit 10 g Butter!).

Die Zwiebeln in wenig Oliven-Limonenöl gut erhitzen, kräftig mit grob gemahlenem Pfeffer und etwas Salz abschmecken. Die Melonenkugeln zugeben und warm halten.

Anrichten:
Den Fisch und die erwärmten Krevetten und Ähren auf Teller verteilen, mit dem Kompott und der aufgeschäumten Sauce servieren.

Fleisch, Geflügel und Wild

Gefüllter Schweinefuß
mit gebratener Gänseleber, bunten Linsen,
Balsamicosauce

Zutaten:

Für 4 Personen

1 Schweinefuß,
abgezogen,
gepökelt und geräuchert
(Metzger)

250 g Kalbsbrät (Metzger)

100 g Rindfleisch,
grob gewolft (ca. 3 mm)

2 Scheiben Rinderzunge,
gepökelt und gekocht

1 Schweinebacke,
gepökelt, geräuchert
und gekocht

50 g Kalbskopfwürfel,
gekocht

1 EL Pistazienkerne,
grob gehackt

20 g Trüffelwürfel

2 cl Portwein, hell

2 cl Trüffelfond

Salz und Pfeffer
aus der Mühle

4 Scheiben Gänse-
stopfleber à 50 g

15 cl Kalbsjus

2 cl Balsamico, alt

je 4 EL rote,
gelbe und grüne Linsen

1 Spritzer Balsamico, weiß

6 cl Fleischbrühe, hell

30 g Butterwürfelchen

Zubereitung:

Die Linsen schon 2 Tage vorher in reichlich kaltem Wasser einweichen, kühl stellen und einmal das Wasser wechseln. Dadurch haben sie eine kurze Garzeit und die Farbe bleibt erhalten. Den Schweinefuß in reichlich Wasser weich kochen. Das kann 1 1/2 – 2 Stunden dauern, danach abkühlen.

Kalbsbrät mit allen gewürfelten Zutaten vermischen, Portwein und Trüffelfond einarbeiten. Zum Schluss gewolftes Rindfleisch mit Salz und Pfeffer unterheben, die Farce in einen Spritzsack geben und in den leicht temperierten Schweinefuß einspritzen.

Den Schweinefuß zuerst in Klarsicht-, dann straff in Alufolie einrollen und an den Enden zudrehen, sodass eine dicke Wurst entsteht. Nun in siedendem Wasser 20 Minuten garen und abkühlen. Am besten schon einen Tag vorher zubereiten.

Salatgarnitur nach
Wunsch (Lollo rosso,
Eichblatt, Frisée, Schnitt-
lauch)

4 EL Salatvinaigrette
(2 EL Olivenöl, 1/2 EL
weißer Balsamico,
1 Spritzer Zitronensaft,
Salz und Pfeffer)

Salz und Pfeffer
aus der Mühle

Salate zupfen, waschen, schleudern und auf Teller platzieren. Die Linsen abtropfen, mit Brühe abgedeckt erhitzen und
ca. 2 Minuten köcheln lassen. Zwei Drittel der Brühe abgießen. Die Linsen mit den Butterwürfelchen binden und mit
einem Spritzer weißem Balsamico, Salz und Pfeffer sowie
einem Teelöffel geschnittenen Schnittlauch herzhaft würzen.

Anrichten:

Warme Linsen zu dem angemachten Salat auf die Teller
verteilen. In heißer Pfanne mit Salz und Pfeffer gewürzte
Gänseleberscheiben je Seite 1 – 1 1/2 Minuten goldbraun
braten und mit erwärmten Schweinefußscheiben auf die
Linsen platzieren. Gut reduzierte Kalbsjus mit Balsamico
über die Leberscheiben nappieren und servieren.

Tipp: Der gefüllte Schweinefuß kann im Feinkosthandel
fertig gekauft werden.

*Dieses Gericht war in den 90er-Jahren ein für mich typisches
Gericht: Bodenständig, aber veredelt mit Gänseleber und
somit verfeinert, sodass es ein „Renner" wurde.*

Geflügelroulade
Graupen, Birne, Korinthen, Blumenkohl, Zimt, Kardamom

Zutaten:

Für 4 Personen

Geflügelroulade:

2 Maishähnchenbrüste
(Bresse)

4 Wachtelbrüste

20 cl Geflügeljus

8 Spinatblätter, groß

4 Lavendelblüten

Salz und Pfeffer

Farce:

60 g Geflügelbrust,
klein gewürfelt

50 g Sahne

1 Sträußchen Petersilie,
gehackt

Salz und Pfeffer

Graupen-Risotto:

80 g Perlgraupen,
mittelfein

2 cl Weißwein

2 EL Birnenwürfel,
mit Schale

1 EL Korinthen

1/2 EL Limetten-Olivenöl

10 g Butter

1 EL Petersilie, gehackt

Salz und Pfeffer

Zubereitung:

Leicht angefrorene Geflügelwürfel mit der Petersilie und etwas Salz im Mixer oder mit der Mulinette gut pürieren. Die sehr kalte Sahne zugeben und ca. 3–4 Minuten fein mixen, sodass wir eine glänzende grüne Farce bekommen. In der Profiküche wird diese nochmals durch ein Sieb gestrichen. Anschließend würzen und kalt stellen.

Die kalt abgespülten Graupen in ca. 1/4 l Wasser mit einer Prise Salz kurz aufkochen. Dann ca. 20–25 Minuten simmern lassen, bis sie gut aufgequollen sind und noch leicht Biss haben. Auf ein Sieb schütten, Birnen und Korinthen mit dem Weißwein, abgedeckt, ca. 3 Minuten köcheln lassen. Zum Servieren Graupen, Butter, Öl und Petersilie unterrühren und herzhaft abschmecken.

Spinatblätter 8 Sekunden in kochendes Salzwasser tauchen, danach sofort in Eiswasser abkühlen. Gut abtropfen lassen und auf Papierkrepp wie folgt auflegen: in 2 Quadraten ca. 17 x 17 cm.

Dünn die Geflügelfarce aufstreichen, zugeschnittene Hähnchenbrüste mittig auflegen, mit Salz und Pfeffer würzen und diese nochmals mit Farce bestreichen. Je 2 Wachtelbrüste passend darauf platzieren, würzen und mit den überstehenden Spinatblättern gut verschließen. Zum Servieren die Rouladen möglichst mit der Hähnchenfleischseite nach unten bei mittlerer Hitze in einer Pfanne mit Olivenöl leicht erhitzen. Die Oberseite mit Öl einpinseln. Anschließend in den vorgeheizten Backofen bei 110 °C geben und ca. 10–12 Minuten saftig garen, danach an warmer Stelle noch 2–3 Minuten warm halten.

Blumenkohl:

1 Blumenkohl

30 g Butter

1 Msp. Zimt
und Kardamom

Vom Blumenkohl 16 kleine Röschen abschneiden. Diese zum Servieren in kochendem Salzwasser 3 Minuten blanchieren und auf ein Sieb schütten. Den restlichen Blumenkohl grob schneiden und in kochendem Salzwasser gerade weich kochen und in ein Sieb abschütten. Danach in einem Küchentuch sehr gut auswringen. Im Mixer mit etwas Butter fein pürieren. In einen Spritzbeutel füllen und warm halten. Zum Servieren in einer Sauteuse Butter, Zimt und Kardamom erhitzen. Die Blumenkohlröschen hinzugeben, abgedeckt ca. 4 Minuten mit leichtem Biss schmoren und mit Salz würzen.

Anrichten:

Geflügeljus mit den Blüten auf 10 cl reduzieren, passieren und mit Salz und Pfeffer würzen. Graupenrisotto über eine Ringform auf heiße Teller verteilen, darüber portionierte Rouladenscheiben platzieren. Püree als Punkte setzen, darüber Röschen verteilen und mit Sauce servieren.

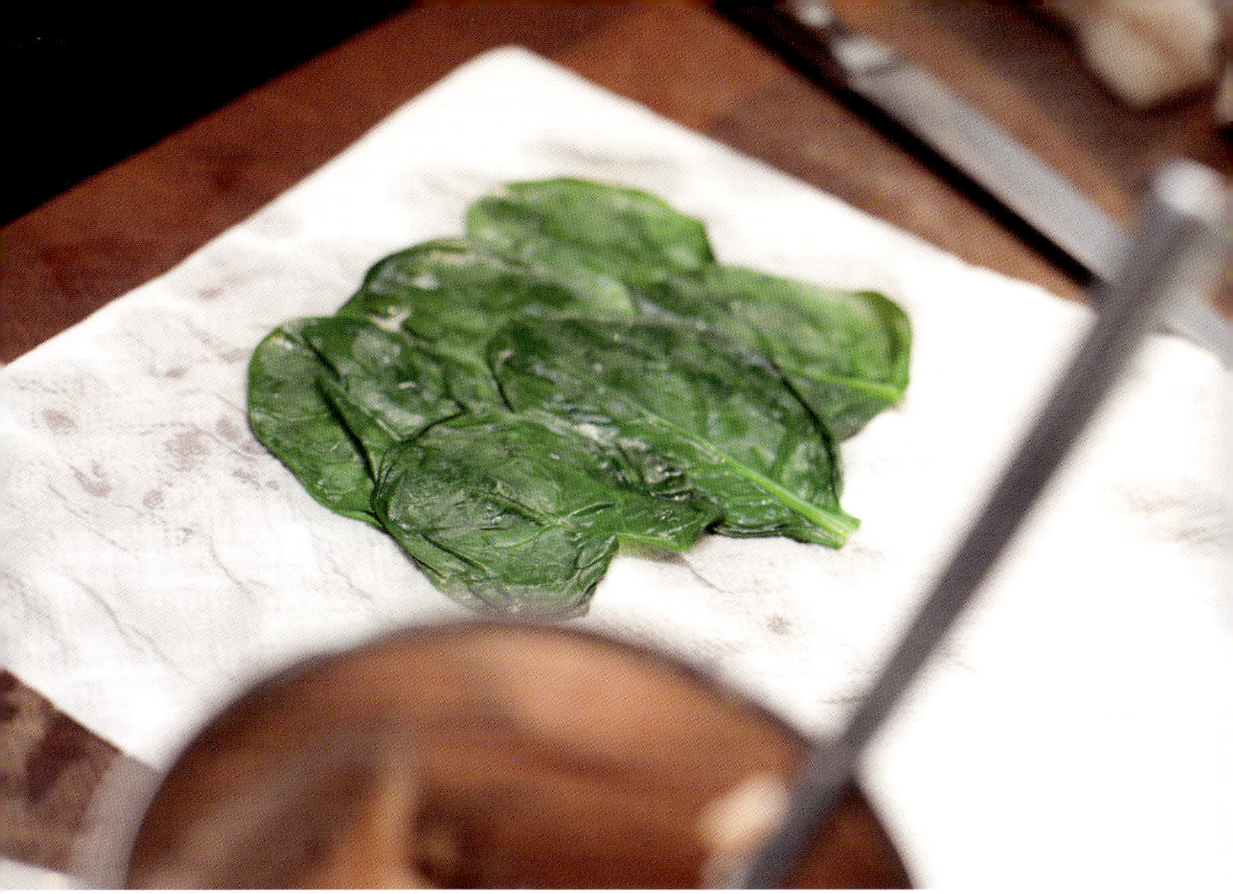

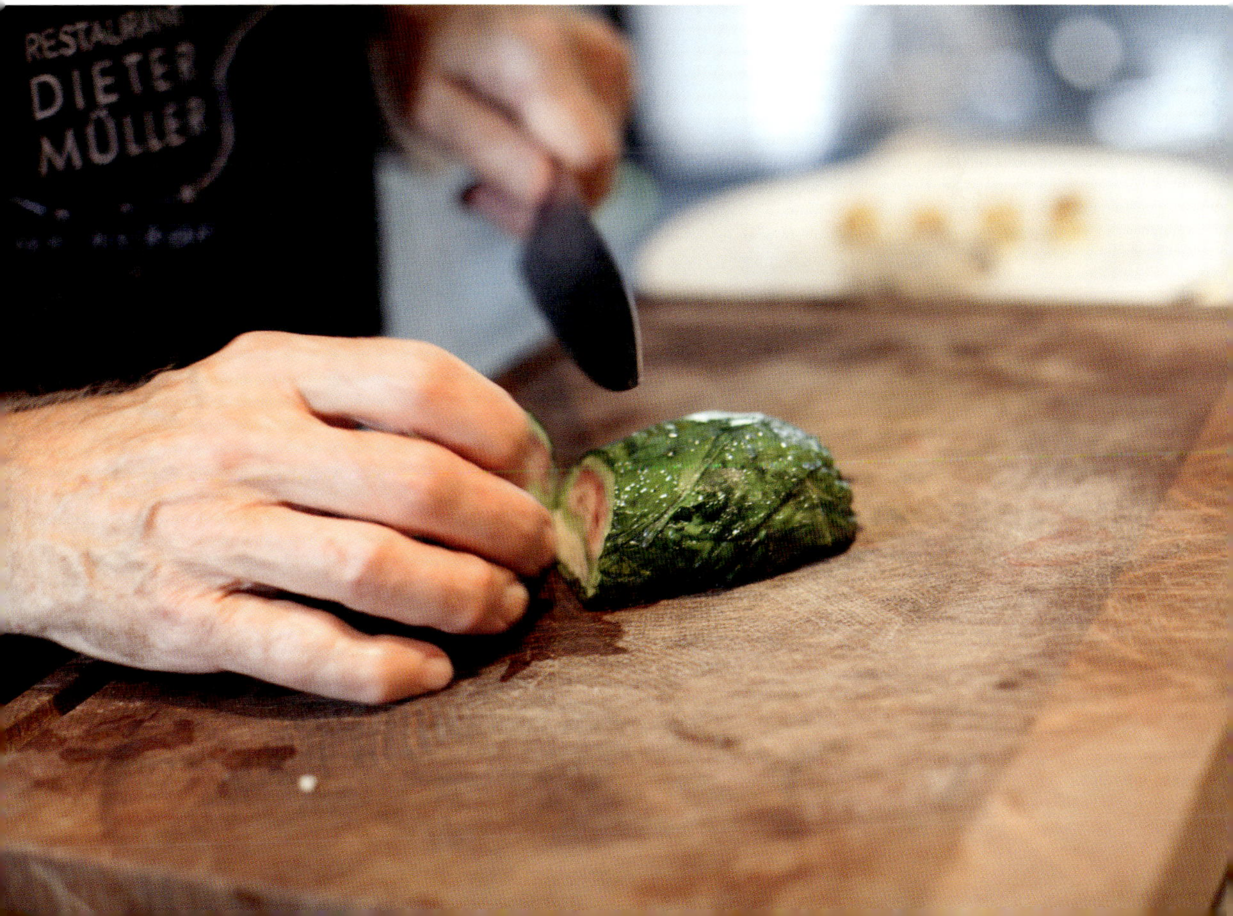
DIETER
MÜLLER

Carré vom Thüringer „Duroc Schwein"
Pulpo, Chorizo-Risotto, Poverade, Tomaten-Chili-Sauce

Zutaten:

Für 4 Personen

Schweinecarré:

4 Stk. Schweinecarré
à 200 g (Freilandschwein
oder Ibérico-Schwein)

1 EL bunter Pfeffer
(schwarz, weiß, rot)

je 4 Zweige Rosmarin

Thymian, klein

1 EL Olivenöl

400 g Pulpo, frisch

100 g Wurzelgemüse
gewürfelt (Zwiebel,
Sellerie, Karotte, Lauch)

2 l Wasser

2 cl Balsamico, weiß

1/2 EL schwarzer und
weißer Pfeffer, zerdrückt

8 Pimentkörner

4 Lorbeerblätter

2 Zweige Liebstöckel

1/2 EL Salz

2 Poveraden
(kleine Artischocken)

2 Minipaprika, rot

Zubereitung:

Den Pulpo in 4 Teile schneiden und mit allen Zutaten in einem Topf aufkochen und ca. 2 Stunden sieden lassen. Das Pulpofleisch sollte noch leichten Biss haben! Danach im Fond abkühlen lassen oder heiß in ein Weckglas mit dem Fond geben, verschließen. Somit kann man ihn längere Zeit gekühlt aufbewahren. Zum Servieren die Arme längs halbieren, davon 30 g würfeln und kurz in Olivenöl braten. Kann auf diese Art sehr gut serviert werden zu marinierten Gemüsen und Salaten!

Für das Risotto die Schalotten und Chorizowürfel mit dem kalt abgespülten Reis in Olivenöl kurz erhitzen. Wein und Brühe zugeben, einmal aufkochen und danach 18 Minuten simmern lassen. Nur ab und zu umrühren! Zum Servieren klein gezupfte Rucolablätter, Pulpo, Butter und Olivenöl einrühren, mit Salz würzen. Falls nötig, noch etwas Brühe unterrühren. Das perfekte Risotto sollte ganz im Korn, schmelzig und noch einen Hauch Biss haben! Dies ist die moderne Zubereitung des Risotto, die ich in den 80ern in der Toskana so erfahren durfte. Bei der traditionellen Zubereitung wurde die Flüssigkeit unter ständigem Rühren nach und nach eingerührt.

Von der Poverade vorsichtig die äußeren Blätter abschneiden. Mit Zitrone einreiben und in leichtem Salzwasser mit Zitronensaft bissfest kochen. Die Paprika halbieren, Kerne ausspülen und in je 6 Spalten schneiden. Diese ca. 3 Minuten in kochendem Salzwasser bissfest garen, danach in Eiswasser abkühlen. Zum Servieren die geschnittenen Gemüse in heißem Olivenöl erhitzen, mit Salz und Pfeffer würzen.

Risotto:

1 Kaffeetasse
Rundkorn-Risottoreis

2 Kaffeetassen Fond vom
Pulpo oder Hühnerbrühe

2 cl Weißwein

1 EL Schalottenwürfel

30 g Chorizowürfel

30 g Pulpowürfel

2 EL Rucolasalat

20 g Butter

4 cl Olivenöl, kräftig

Salz und Pfeffer
aus der Mühle

10 cl Tomaten-Chilisauce
– siehe Rezept –

Für das Schweinecarré die Fleischstücke zunächst mit Olivenöl einreiben, darüber Pfefferkörner und Kräuter verteilen. Am besten jetzt in einem Beutel vakuumieren oder einzeln eng in Klarsichtfolie (wasserdicht) einpacken und im Kühlschrank 2–3 Tage aufbewahren.

Zum Servieren die zimmertemperierten Fleischstücke im Dampfgarer bei 100 % Dampf und 60 °C 16 Minuten vorgaren. Danach aus der Folie nehmen und in einer heißen Pfanne mit wenig Olivenöl die Fettkante kross anbraten. Mit der Hand festhalten und fest in die Pfanne drücken. Danach noch jede Seite ca. 1–1 1/2 Minuten hellbraun saftig braten. Pfeffer abstreifen und mit Fleur de Sel würzen.

Falls kein Dampfgarer vorhanden ist, können die Fleischstücke auch aus der Folie genommen werden: Zuerst die Fettkante gut anbraten, danach jede Seite rasch heiß anbraten und im vorgeheizten Backofen bei 100 °C Umluft 8–10 Minuten saftig braten.

Anrichten:

Risotto über Ringform auf Teller platzieren, aufgeschnittenes Fleisch sowie Pulpo und Gemüse auflegen und mit Sauce servieren.

Bäckchen und Filet vom Kalb „Sous Vide"
Lorbeersauce, Vanillekarotten, Erbsen-Minzpüree

Zutaten:

Für 4 Personen

Kalbsbäckchen:

2 Kalbsbäckchen

2 EL Rapsöl

500 g Röstgemüse
(von Zwiebeln, Karotten
und Staudensellerie)

1 EL Tomatenmark

300 ml Rotwein

1 l Kalbsfond, dunkel

1 Knoblauchzehe

je 1 Thymian- und
Rosmarinzweig

10 Pfefferkörner

2 Pimentkörner

2 Lorbeerblätter

100 cl Rotwein

1 cl Balsamico, alt

Kalbsfilet:

300 g Kalbsfilet,
küchenfertig pariert

Salz und Pfeffer
aus der Mühle

Zubereitung:

Die Kalbsbäckchen parieren und von Fett und Sehnen befreien. Die Bäckchen im Bräter rundherum in Rapsöl anbraten und das Mirepoix zugeben. Das Gemüse gut mit anrösten, Tomatenmark zufügen, nach und nach mit dem Rotwein ablöschen und glacieren, dann den Kalbsfond und die Gewürze zufügen. Die Kalbsbäckchen im Ofen bei 200 °C zugedeckt ca. 80 Minuten schmoren, bis das Fleisch saftig weich ist. Dann die Bäckchen in Alufolie wickeln und warm stellen. Rotwein in einem Topf auf ein Drittel einkochen, den Schmorfond durch ein feines Sieb passieren und dazugeben, je nach Konsistenz noch etwas einkochen, eventuell mit Speisestärke etwas binden und mit ein wenig altem Balsamico abschmecken.

Kalbsfilet:

Das sauber parierte Kalbsfilet mit Olivenöl einreiben. Zunächst in Frischhaltefolie fest einwickeln, danach in Alufolie. Das Kalbsfilet im Wasserbad bei etwa 75 °C 12–15 Minuten pochieren, Kerntemperatur ca. 54 °C, danach etwa 5 Minuten gut warm gestellt ruhen lassen. Danach sollte die Kerntemperatur zum Servieren 58 °C nicht überschreiten. Zum Servieren mit Salz und Pfeffer würzen, in heißer Butter mit Rosmarin- und Thymianzweig nochmals hellbraun gut heiß schwenken (Bratgeschmack!) und auch nochmals würzen.

Vanillekarotten:

300 g Karotten,
mittelgroß

1 EL Schalottenwürfel

1/2 Vanillestange

10 g Butter

20 ml Mineralwasser

Salz und Zucker

Erbsen-Minzpüree:

150 g Erbsen, fein (TK)

1 EL Petersilie, gehackt

1 EL Minzblättchen,
geschnitten

10 g Butterwürfel, kalt

Salz und Zucker

Vanillekarotten:

Die Karotten schälen und in ca. 1,5 mm dicke Scheiben hobeln. Diese in heißer Butter mit den Schalotten schwenken, Wasser (oder Karottensaft) und Vanillemark zugeben und ca. 3 Minuten abgedeckt bissfest garen und mit Zucker und Salz verfeinern. Den Fond abgießen, mit Butter sämig bindend einköcheln, wieder zu den Karotten geben, eventuell nochmals abschmecken und warm halten.

Erbsen-Minzpüree:

Aufgetaute Erbsen auf ein gelochtes Backblech verteilen und im auf 100 °C vorgeheizten Backofen ca. 15 Minuten erwärmen. Danach im Küchentuch gut auswringen und noch gut warm im Mixer mit den weiteren Zutaten fein pürieren, würzen, in einen Spritzsack füllen und warm halten.

Anrichten:

Portionierte Bäckchen und eine Scheibe Kalbsfilet auf heiße Teller nach Wunsch mit gebratener Polentaschnitte oder Kartoffelpüree platzieren. Vanillekarotten und Minzpüree auflegen und mit Sauce servieren.

Rehkeule rosa gebraten, glasierte Pfefferkirschen

Zutaten:

Für 4 Personen

Rehkeule:

1 Oberschale von der
Rehkeule à 800 g

80 g Speck, grün

Salz und Pfeffer
aus der Mühle

30 g Rapsöl

3 Schalotten

10 g Butter

1/2 l Wildfond

1/4 l Rotwein

1 Thymianzweig

6 Wacholderbeeren,
zerdrückt

1 Msp. Speisestärke

Glasierte Kirschen:

150 g Kirschen

1 TL schwarze
Pfefferkörner

10 cl Rotwein, lieblich

1 Prise Zucker

10 g Butter

Zubereitung:

Die Pfefferkörner im Mörser zerdrücken und mit dem Rotwein ca. 10 Minuten köcheln. Die Kirschen waschen, entstielen und entsteinen, dann halbieren. Zum Servieren zusammen mit einer Prise Zucker in der erhitzten Butter 2 Minuten glasieren. Mit wenig Pfefferfond und den Pfefferkörnern aufgießen und 2 Minuten köcheln lassen und warm halten.

Das Fleisch parieren und die Haut mit einem spitzen, kleinen Messer fein abziehen. Mithilfe von Küchenzwirn in eine runde Form bringen. Den Speck in etwa 8 cm lange und 4 mm dünne Streifen schneiden, in eine Spicknadel geben und den Rehbraten rundherum in etwa 5 Bahnen damit spicken. Mit Salz und Pfeffer würzen.

Das Rapsöl in einer Pfanne erhitzen und das Fleisch von allen Seiten bei starker Hitze anbraten. In den auf 160 °C (Umluft) vorgeheizten Backofen schieben und 16–18 Minuten braten. Das Fleisch mehrmals drehen und mit dem Bratfett begießen. Den Braten herausnehmen, in Alufolie einschlagen und 5 Minuten ruhen lassen.

Die Schalotten abziehen und würfeln. Zusammen mit den Fleischabschnitten in erhitzter Butter im Bräter andünsten, mit Wildfond und Rotwein aufgießen. Thymian und Gewürze zufügen und auf die Hälfte einkochen. Fein passieren und die Sauce nochmals auf ca. 10 cl Flüssigkeit reduzieren. Mit der angerührten Stärke binden. Mit Salz, dem angesammelten Fleischfond vom Reh und eventuell einer Msp. Lebkuchengewürz abschmecken.

Anrichten:

Das Fleisch vom Zwirn befreien und in Scheiben schneiden, auf vorgewärmte Teller legen, die Sauce zugeben und darüber die Kirschen verteilen.

Tipp: Als Beilagen passen gut bissfest gekochter Brokkoli, Rahmpilze und Teigwaren wie beispielsweise handgeschabte Spätzle.

Dies ist ein beliebtes Wild-Gericht aus Wertheimer Zeiten, Ende der 1970er-Jahre.

Mein erster Kochversuch,
das Lieblingsgericht meiner Kindheit
Gefülltes Schnitzel,
Mais-Erbsengemüse, Kartoffelpüree

Zutaten:

Für 4 Personen

4 Kalbsschnitzel à 100 g

100 g Champignons

10 g Butter

2 Scheiben Schinken, mager, gekocht

2 Scheiben Emmentaler

1 TL Petersilie, gehackt

Salz, weißer Pfeffer

1 EL Mehl

1 Ei

20 g Haselnüsse, gemahlen

40 g Paniermehl

Fett zum Braten

Für das Gemüse:

125 g Zuckermaiskörner (Dose)

300 g Zuckererbsen, ausgebrochen ca. 100 g

1 EL Karottenwürfel

10 cl Sahne

Salz, Prise Zucker

Für das Kartoffelpüree:

400 g Kartoffeln, mehlig kochend, geschält

10 cl Milch

20 g Butter

Salz, weißer Pfeffer

Zubereitung:

Die Fleischstücke jeweils zwischen Klarsichtfolie legen und mit einem breiten Messerrücken oder einem Fleischklopfer lang ausklopfen. Die Champignons putzen und blättrig schneiden. In der erhitzten Butter einmal kurz schwenken, in einem Sieb abtropfen und auskühlen lassen. Schinken und Käse in Streifen schneiden, mit den abgekühlten Pilzen und der Petersilie mischen. Die Kalbsschnitzel salzen und pfeffern, jeweils etwas von der Füllung mittig darauf verteilen. Einmal umklappen und mit Holzspießchen an den Rändern befestigen. Mit etwas Mehl bestäuben. Das Ei verquirlen und die Haselnüsse mit dem Paniermehl mischen. Die Schnitzel nun nacheinander in Ei tauchen, danach in der Panade wenden. Zum Servieren in reichlich heißem Fett von jeder Seite ca. 3 Minuten goldbraun braten.

Nebenbei die Sahne erhitzen, mit Mais, kurz blanchierten Erbsen und bissfest blanchierten Kartoffelwürfeln cremig reduzieren und mit Salz und Zucker würzen.

Kartoffeln würfeln, in leichtem Salzwasser weich kochen. Auf einem Sieb ausdampfen lassen, noch heiß, erwärmte Milch und Butter zugeben und mit einem Handrührgerät pürieren. Mit Salz und Pfeffer (nach Wunsch mit wenig! frisch geriebenem Muskatnuss) würzen.

Anrichten:

Die Hölzchen aus dem Fleisch enfernen, das Gemüse und Püree auf vorgewärmte Teller geben. Fleisch anlegen und jeweils mit einem Zitronenschnitz (zum Beträufeln der Panade) servieren.

Bolognaise vom Rind (Lamm)
das perfekte Saucengericht für zu Hause

Zutaten:

Für 4 Personen

400 g Rinderhüfte, in
Würfelchen geschnitten
oder vom Metzger
gewolft

50 g Zwiebelwürfel

2 EL Tomatenmark

1/4 l Rotwein

1/4 l Fleischbrühe
Alternativ: 1/4 l Wasser
mit Gemüsebrühwürfel
aus dem Reformhaus
ohne Geschmacksver-
stärker

1 TL Thymian,
fein geschnitten

4 Liebstöckelblätter,
fein geschnitten

1/2 Knoblauchzehe mit
1/3 TL Kümmel und etwas
Butter fein gehackt

1/2 TL Abrieb von
Zitronenschale

etwas angerührte
Speisestärke

1/2 EL Aceto Balsamico,
ca. 8–12 Jahre alt

Salz

2 EL Olivenöl

Salz, Prise Chilipulver

Zubereitung:

Die Zwiebeln in einer hohen Pfanne mit Olivenöl hellbraun
braten. Fleisch zugeben und rasch rundum anbraten.
Tomatenmark einrühren, gut heiß etwas Rotwein zugeben,
einköcheln lassen und das zweimal wiederholen. So
bekommen wir eine schöne dunkle Farbe. Brühe, Kräuter,
Gewürze zugeben und abgedeckt ca. 6 Minuten köcheln
lassen. Danach mit angerührter Stärke leicht sämig binden.
Mit Chili, Salz und Balsamico herzhaft abschmecken.

In kurzer Zeit, ca. 15–20 Minuten, hat man ein sehr gutes
Saucengericht, welches mit Spaghetti, allen anderen
Nudeln, Risotto, Kartoffelpüree kleine wie große Genießer
beglückt!

Dessert

Topfengratin
Mangofilets, Erdbeeren, Blaubeeren, weißes Kaffee-Eis

Zutaten:

Für 4 Personen

Lavazza-Kaffee-Eis:

2 EL Kaffeebohnen

25 cl Sahne

8 cl Milch

60 g Zucker

Mark einer halben
Vanilleschote

4 Eigelb

Topfen-Masse:

250 g Sahnequark,
40 % Fett

2 Eigelb

40 g Puderzucker

25 g Weizenstärke

1 EL Rum

1 Zitrone, unbehandelt

1 TL Vanillezucker

2 Eiweiß

50 g Zucker

Butter zum Backen

Früchte:

1 Mango, reif

100 g Erdbeeren

nach Wunsch
2 EL Blaubeeren

Puderzucker

Zubereitung:

Für das Eis die Sahne, Milch, Zucker, Vanillemark und die Kaffeebohnen einmal aufkochen und 1 Stunde ziehen lassen. Danach passieren und nochmals aufkochen. Die Eigelbe gut verrühren und mit dem heißen Sahne-Milchgemisch zur Rose abziehen. Die Eismasse gut abkühlen und in der Eismaschine gefrieren. Danach nochmals mindestens 1/2 Stunde ins Eisfach stellen.

Für das Gratin den Sahnequark mit Eigelb, Puderzucker und Stärke verrühren. Mit Rum, abgeriebener Zitronenschale und Vanillezucker abschmecken. Das Eiweiß mit dem Zucker zu festem Schnee aufschlagen und unter die Quarkmasse rühren. Vier tiefe, kalte, feuerfeste Teller oder Schalen ausbuttern und die Quarkmasse darauf verteilen. Mangos schälen, in Spalten schneiden und auf der Quarkmasse verteilen. In die Zwischenräume Erdbeeren und Blaubeeren aufstreuen. Im vorgeheizten Backofen, mittlere Einschubleiste, bei 220 °C 10–12 Minuten hellbraun backen.

Anrichten:

Das Gratin sofort mit etwas Puderzucker bestäuben und mit einer Kugel Kaffee-Eis servieren.

Armer Ritter, marinierte Ananasscheiben

Zutaten:

Für 4–6 Personen

Brioche:
300 g Mehl
7 g Salz
25 g Zucker
12 g Hefe
50 g Milch
2 Vollei
1 Eigelb
125 g Butter
1 Mini-Ananas

Orangenblütensirup:
150 g Wasser
225 g Zucker
15 g Orangen-
blütenwasser

Mandelcrème:
60 g Butter
60 g Zucker
60 g Mandelgrieß
1 Vollei
5 g Rum, braun
Mandelblättchen

Dekoration:
2 EL Erdbeerpüree
2 EL Mangopüree

Zubereitung:

Für den Orangenblütensirup das Wasser mit dem Zucker aufkochen und mit Orangenblütenwasser parfümieren. Anschließend Butter und Zucker für die Mandelcrème schaumig schlagen, mit dem Mandelgrieß vermischen und mit Ei und Rum verrühren.

Für die Brioche die Hefe in eine Schüssel zerbröckeln. Mit Mehl, Salz und Zucker vermischen. Nach und nach Milch, Eier und Eigelb dazugeben und so lange kneten, bis der Teig an der Schüssel nicht mehr klebt. Die Butter in kleine Würfel schneiden, nach und nach zum Teig geben und kneten, bis der Teig sich von der Schüssel wieder löst. Mit einem feuchten Tuch abdecken und an einem warmen Ort gehen lassen.

Wenn der Teig sein Volumen verdoppelt hat, wieder zusammenkneten und in eine gebutterte Kastenform setzen, darin nochmals gehen lassen. Nach erneutem Verdoppeln des Volumens bei 180 °C in den Ofen schieben. Ein kleines Glas Wasser auf den heißen Ofenboden gießen, um Dampf zu erzeugen und sofort die Tür schließen. Nach 15 Minuten die Tür kurz öffnen und wieder schließen und noch 10 Minuten weiterbacken. Die Brioche auf einem Kuchengitter abkühlen lassen, danach in Alufolie einpacken und im Kühlschrank aufbewahren. Die Brioche sollte für dieses Rezept bereits am Vortag gebacken werden.

Von der Mini-Ananas rundum die Schale abschneiden. Die Frucht auf der Aufschnittmaschine in ca. 2 mm dicke Scheiben schneiden.

Anrichten:

Die Brioche in 2 cm dicke Scheiben schneiden und in den Orangenblütensirup tauchen, kurz abtropfen lassen und auf Backpapier legen. Die Mandelcrème dünn aufstreichen und mit Mandelblättchen bedecken. Bei 230 °C im Ofen goldbraun backen. Die Ananasscheiben schön auf Teller fächern, Armer Ritter anlegen, Erdbeer- und Mangopunkte platzieren und mit einem Holzspieß durchziehen. So entsteht die Herzform.

Nach Wunsch eine Nocke Tonkabohneneis (siehe Zubereitung Mokka-Eis – statt Kaffeepulver 2 gemahlene Tonkabohnen verwenden) auflegen und servieren.

Tipp: Man kann etwas Ananassaft mit Butter und Vanille dickflüssig einköcheln lassen und damit die Ananasscheiben überglänzen.

Dieses Dessert zeigt deutlich die Weiterentwicklung der deutschen Küche: Die Brioche-scheiben ersetzen die „altbackenen" Brötchen, sodass das Gericht von mir zum „reichen" Ritter verfeinert wird.

Zutaten:

Für 4–6 Personen

Schokoladencremeaux:
80 g Valrhona-
schokolade, 54 %
40 g Nougat
90 g Sahne
80 g Sahne, geschlagen
2 cl Cognac

Gewürzkirschen:
250 g Kirschen (TK)
10 cl Portwein, rot
6 cl Rotwein
20 cl Kirschsaft
1 Nelke
1/2 Zimtstange
1 Sternanis
2 cl Kirschwasser
5 g Speisestärke

Sahne-Vanilleschaum:
10 cl Sahne
Mark einer halben
Vanilleschote
1 EL Zucker
oder Vanillezucker
1 EL Kirschwasser

Eisparfait:
6 Halbkugeln,
ca. 6 cm Durchmesser
80 g Sahne
1 TL Tonkabohne,
gemahlen
2 Eigelb
40 g Zucker
60 g Schokolade,
54 %–66 %
1/2 EL Kakaopulver
80 g Sahne, geschlagen
1 cl Rum
1 Blatt Gelatine

Zubereitung:

Für das Eisparfait Sahne mit Tonkabohne aufkochen und 15 Minuten ziehen lassen. 2 Eigelb mit 40 g Zucker verrühren und mit der erhitzten Tonkabohnen-Sahne zur Rose abziehen. Kalt eingeweichte Blattgelatine darin auflösen, Schokolade und Kakao darin rührend auflösen. Passieren und den Rum einrühren.
Auf ca. 18 °C abkühlen lassen und die kalte, geschlagene Sahne nach und nach einrühren, in die Halbkugeln verteilen und gefrieren. Am besten einen Tag vorher vorbereiten und gefrieren. Zum Servieren die Kugeln (mit der Metallseite!) kurz unter warmes Wasser halten und stürzen.

90 g Sahne auf 60 °C erwärmen, darin die Schokolade und das Nougat unter Rühren dickflüssig auflösen. Cognac unterrühren und die Masse auf ca. 20 °C abkühlen. Danach die geschlagene Sahne unterrühren und sofort in kalte Gläser verteilen. Mindestens 4 Stunden durchkühlen. Portwein und Rotwein reduzieren. Kirschsaft und Gewürze dazugeben, aufkochen und 5 Minuten köcheln lassen, anschließend passieren. Mit angerührtem Mondamin dickflüssig binden. Die Kirschen zugeben und in dem Fond etwa 1 Minute köcheln, zum Schluss Kirschwasser zufügen und kalt stellen.
Für den Sahne-Vanilleschaum alle Zutaten gut verrühren, sehr kalt in eine Espumaflasche (Isi) füllen. Eine Patrone eindrehen und ca. 2 Stunden kalt stellen.

Anrichten:
Gewürzkirschen in die Gläser mit der Schokoladencremeaux verteilen. Sahneschaum aufspritzen und auf Teller mit den zurückgelegten Gewürzkirschen und Eisparfait (5 Min. im Raum temperiert!) platzieren. Mit Schokostab dekorieren und servieren.

Tipp: Statt der Halbkugeln Ringformen (5 cm Durchmesser, 6 cm hoch) mit Folie am inneren Rand auslegen, die Parfaitmasse hineinfüllen. Das gestürzte Parfait kann nochmals kurz gefroren, mit flüssiger Schokolade besprüht werden.

Crème brûlée von schwarzem Sesam, Kumquats

Zutaten:

Für 4 Personen

Crème brûlée:

190 g Sahne

60 g Milch

30 g Zucker

4 Eigelb

1 Pk. Vanillezucker

1 TL Holzkohlenpulver
„Carbo Ligni" (Bos Food)

2 EL Sesam, schwarz
sehr fein gemixt

1/2 EL Yuzu
(asiat. Zitrone)

Rohrzucker, braun

Kumquatconfit:

12 Kumquats
(Zwergorangen)

4 EL Schalottenwürfel

1 Thymianzweig

1 Estragonzweig

12 cl Orangensaft

8 cl Noilly Prat

1 Msp. Safranpulver

50 g Butter

1 EL Traubenkcrnöl

1 EL Walnussöl

1 Spritzer Tabasco

2 cl Grand Marnier

1 Prise Salz

Zubereitung:

Sahne, Milch, Zucker und Sesam aufkochen, 10 Minuten ziehen lassen. Eigelbe mit Vanillezucker vermischen, heißes Sahne-Milch-Gemisch schnell unterrühren. Die Holzkohle gut einrühren, ca. 10 Minuten ziehen lassen.

Die Masse in tiefe Teller oder Schälchen verteilen und im Wasserbad im Ofen etwa 40 Minuten bei 130 °C pochieren. Prüfen, ob die Masse gestockt ist! Kalt stellen und mindestens 4–5 Stunden durchkühlen lassen.

Kumquats 10 Sekunden in kochendes Wasser geben, danach kalt abschrecken. Die Früchte halbieren, mit einer Essgabel die Kerne rausschaben. Danach in kleine Würfelchen schneiden oder wolfen (durch die 3 mm Scheibe). Schalotten in heißer Butter ohne Farbe glasieren, Kumquats, Orangensaft, Noilly Prat und Kräuter zugeben und dickflüssig einköcheln lassen. Die Kräuter rausnehmen, das Confit mit Safran, Tabasco und Salz würzen. Zum Schluss mit Walnuss- und Traubenkernöl sowie Grand Marnier abrunden und heiß in ein Einweckglas füllen. Dies kann gut verschlossen im Kühlschrank aufbewahrt werden.

Anrichten:

Vor dem Servieren die Crème mit feinem braunen Zucker bestreuen und mit einer Lötlampe karamellisieren.

Kumquatconfit auf der Crème brûlée platzieren, nach Wunsch 4 kleine Kumquats gegart in Orangensaft aufsetzen und servieren.

Tipp: Dieses Confit schmeckt sehr gut zu Terrinen, Jakobsmuscheln, gebratenen Fischen, Geflügel- und Wildgerichten.

Mousse von dunkler oder weißer Schokolade

Zutaten:

Für 4–6 Personen

175 g Bitterschokolade
2 Eigelb
1 Ei
1 cl Rum
300 g Sahne, geschlagen

175 g Milchschokolade, weiß
1 Blatt Gelatine

Zubereitung:

Für das dunkle Mousse das Ei mit Eigelb und Rum in einer Schüssel auf dem Wasserbad schaumig rühren. Beginnt die Masse cremig zu werden, die Schüssel vom Wasserbad nehmen, die lauwarme, aufgelöste Schokolade dazugeben, gut verrühren und auf Zimmertemperatur abkühlen lassen. Anschließend die Sahne nach und nach unter die Masse heben, in eine Glasschüssel füllen und kalt stellen. Am besten das Mousse schon am Vortag zubereiten und gut mit Klarsichtfolie eingepackt im Kühlschrank aufbewahren.

Für das helle Mousse anstelle von Bitterschokolade weiße Milchschokolade verwenden. Vor Zugabe der Schokolade 1 Blatt Gelatine in der warmen cremigen Eimasse auflösen und einrühren. Ansonsten bleiben Zutaten und Zubereitung gleich.

Tipp: Das weiße Mousse schmeckt besonders gut mit roten Beeren und Früchten.

Ende der 1970er-Jahre wurde dieses Dessert zu einem Klassiker!

Früchte-Beeren-Müsli

Zutaten:

Für 4 Personen

6 EL Vollkorn-
Früchte-Müslimischung

6 cl Milch

150 g Joghurt

je 1 EL Honig
und Sanddorn

1 Banane

1 Apfel

1 Birne, reif

1 Pfirsich

150 g Erdbeeren

100 g Himbeeren
(auch TK möglich)

Früchte der Saison
(rote Johannisbeeren,
kernlose Trauben,
Heidelbeeren, Brom-
beeren, Honigmelone,
Orangenfilets)

Saft einer Zitrone

1/2 EL Zucker

Gemahlene Mandeln
oder Haselnüsse
zum Garnieren

Zubereitung:

Die Vollkornmischung gerade mit Milch bedecken und ca.
4 Stunden abgedeckt an einem kühlen Ort ruhen lassen.
Dadurch sind die Weizen- und Roggen-Vollkornflocken
besser verdaulich, aufgequollen und binden das Müsli sehr
sahnig. Zu den Flocken geben wir nacheinander Joghurt,
Honig, zerdrückte Banane, mittelfein geriebene Äpfel, fein
geschnittene Birne, Pfirsich, gevierteilte Erdbeeren, die
Himbeeren und andere Früchte der Saison. Zum Schluss
den Zitronensaft und 1/2 Esslöffel Zucker dazugeben und
alles vorsichtig gut vermischen. In vier Glas- oder Porzellan-
schalen verteilen, darüber Nussgrieß streuen und nach
Wunsch mit frischen Beeren garnieren.

*Dieses köstliche Müslirezept stammt von meiner Großmutter
und findet bei meiner Familie und im Freundeskreis zum
Frühstück oder Mittagsbrunch größte Beliebtheit.*

Omelette Surprise

Zutaten:

Für 4 Personen

Bisquitboden,
ca. 7 mm dick,
25 x 28 cm

200 g Himbeeren
oder Erdbeeren, frisch

200 g Vanilleeis

100 g Zucker

1 Pk. Vanillezucker

4 Eigelb

4 Eiweiß

2 cl Rum

Zubereitung:

Biskuitboden als knappe Hälfte auf die Porzellanplatte legen. Die Hälfte der Beeren halbiert, darüber platzieren. Das festgefrorene Eis in dicken Scheiben oder als Kugeln darüber legen. Die restlichen Beeren darauf verteilen, mit dem überstehenden Biskuit eng verschließen und kurz im Tiefkühlfach aufbewahren.

Nebenher Eigelbe mit Rum und Vanillezucke auf Wasserdampf gut warm, cremig rühren. Danach kalt rühren. Eiweiße mit Zucker gut steif schlagen und unter die Eigelbmasse rühren. Den vorbereiteten, gefüllten Biskuit dick bestreichen. Eventuell etwas Masse über einen Spritzsack auf die Oberfläche aufdressieren.
Im vorgeheizten Backofen bei ca. 230 °C (Oberhitze) ca. 3–4 Minuten überbacken. Danach portionieren und servieren.

Das war mein Dessert zur Gesellenprüfung 1966 in Freiburg!

Champagnercremesorbet

Zutaten:

Für 4–8 Personen

635 cl Moscato d`Asti oder lieblicher Weißwein

15 cl Sekt oder Champagner „Colin Edition Dieter Müller"

125 g Zucker

1/2 EL Limonensaft

2 Eigelb

25 g Butter

Zubereitung:

Die Butter in kleine Würfel schneiden, mit dem Eigelb in eine Schüssel geben und zur Seite stellen. Moscato oder Weißwein, Champagner, Limonensaft und Zucker aufkochen und in die Schüssel mit der Butter und Eigelb gießen. Sofort mit einem Stabmixer ca. 3 Minuten mixen und danach in der Eismaschine gefrieren.

Tipp: Dieses Sorbet gelingt nur in einer sehr gut kühlenden, hochtourigen Profi-Eismaschine!

Durch die Zugabe von Butter schmeckt das Sorbet im Abgang sehr cremig. Da diese Zubereitungsart völlig neu war in der Lerbach-Eröffnungszeit, waren unsere Gäste wie auch Kritiker begeistert. Diese Begeisterung hält auch noch heute im „Restaurant Dieter Müller" auf der MS Europa an!

Geflügelfarce

Zutaten:

Für 4 Personen

100 g Hähnchenbrust-
fleisch, ohne Haut

80 g Sahne

Salz und weißer Pfeffer
aus der Mühle

Zubereitung:

Das Hähnchenfleisch fein würfeln und mit Salz und Pfeffer würzen. Separat mit der Sahne in das Tiefkühlfach geben und leicht anfrieren lassen. Dann zusammen mit der Sahne nach und nach im Küchenmixer zu einer glatten glänzenden Farce vermixen. Die fertige Farce 15 Minuten kühl stellen, durch ein feines Passiersieb streichen und mit einer Prise Salz nachwürzen.

Anmerkung:

Diese Farce ist die Basis für Terrinen, Füllungen und Klößchen und lässt sich alternativ auf die gleiche Weise auch mit Kalb-, Kaninchen- und Rehfleisch herstellen. Damit sie gelingt und nicht stumpf und feinlöchrig trocken wird, ist es wichtig, dass das Fleisch und die Sahne im leicht angefrorenen Zustand – also gut durchgekühlt – verarbeitet werden. Denn durch die hohe Drehzahl, mit der der Küchenmixer arbeitet, erwärmt sich die Masse zu schnell und könnte dann gerinnen, das heißt verbrennen, sodass die Farce beim Pochieren zerfallen würde.
Bevor man die Farce weiterverarbeitet, sollte unbedingt eine Probe gemacht werden: Ein Klößchen mit einem Teelöffel von der Masse abstechen und in siedendes Wasser geben. Ist sie im Biss zu fest, wird etwas Schlagsahne zugegeben.

Tipp: Diese Farce lässt sich beispielsweise auch einfärben: Gemixt mit gut durchgekühltem blanchiertem und ausgedrücktem Spinat, Petersilie und Kerbel erhält sie eine sehr schöne grüne Farbe. Dafür muss jedoch vorher ca. 20 g mehr Hähnchenfleisch verwendet werden.

Fischfarce

Zutaten:

Für 4 Personen

200 g Zanderfilet,
küchenfertig
180 g Sahne
Salz
Tabasco
1 cl Sherry, trocken
1/2 Zitrone als Saft

Zubereitung:

Das Zanderfilet klein schneiden, mit Salz und einem Spritzer Tabasco würzen. Statt Zander lässt sich hier auch Hecht oder Forelle verwenden. Separat mit der Sahne in das Tiefkühlfach geben und leicht anfrieren lassen. Nach etwa 30 Minuten die Fischmasse in einen Küchenmixer geben und 10 bis 20 Sekunden durchmixen. Zuerst die Hälfte der Sahne zufügen, kurz durchmixen und dann den Rest dazugießen. Alles schnell zu einer glatten glänzenden Farce verarbeiten. Die Farce durch ein feines Haarsieb streichen, mit Sherry, etwas Zitronensaft und Salz abschmecken.

Anmerkung:

Für das gute Gelingen einer Farce ist es wichtig, dass die Zutaten richtig durchgekühlt sind, sonst "verbrennt" sie bei der hohen Drehzahl des Mixers und verliert ihre Bindung. Vor der Weiterverarbeitung sollte immer ein Probeklößchen gemacht werden: Mit einem Teelöffel etwas von der Farcemasse abstechen und in siedendem Wasser 3 Minuten ziehen lassen. Das Klößchen herausnehmen und durchschneiden. Die Schnittfläche sollte glatt und glänzend sein. Ist das Klößchen zu fest, noch 1–2 Esslöffel Schlagsahne unter die gut gekühlte Farce ziehen.

Tipp: Die Farce kann man nach Wunsch auch färben: mit gemixten Kräutern (z.B. Petersilie und Dill) grün, mit Safran gelb und mit ein wenig Rote-Bete-Saft rötlich. Sie ist die Basis für Terrinen, Klößchen und Füllungen. Für Soufflés hebt man Eischnee und geschlagene Sahne unter die Masse.

Fischfond

Zutaten:

Für 1 Liter

1 kg Fischgräten
(Seezunge, Steinbutt,
Scholle, notfalls Forelle)

250 g Wurzelgemüse,
klein gewürfelt (Zwiebel,
Lauch, Sellerie, Fenchel)

40 cl Weißwein, trocken

ca. 2 l Eiswasser

2 Lorbeerblätter

2 Nelken

1 Msp. Fenchelsamen

1/2 TL Pfefferkörner,
weiß, zerdrückt

je ein Petersilien-,
Estragon- und
Thymianzweig

1 EL Olivenöl

Salz

Zubereitung:

Gräten zerkleinern und gut unter fließendem kaltem Wasser wässern, bis das Wasser glasklar ist. Das Gemüse und die abgetropften Gräten ca. 2 Minuten in heißem Olivenöl schwenken. Mit Wein, Eiswasser, Gewürzen und Kräutern gut bedecken und einmal langsam aufkochen. Danach noch ca. 30 Minuten wallen lassen. Fein passieren und nach Wunsch auf die Hälfte Flüssigkeit reduzieren und erst jetzt mit Salz abschmecken.

Dies ist der Basisfond für Suppen und Saucen.

Tipp: Der Fond kann in Weckgläsern im Kühlschrank einige Tage aufbewahrt werden.

Fisch-Weißweinsauce

Zutaten:

Für 1/2 Liter

650 cl Fischfond
(siehe Rezept)

5 cl Weißwein, trocken

20 cl Sahne

je 1 Thymian- und
Estragonzweig

20 g Butter

1 Msp. Speisestärke,
angerührt

1/2 TL Zitronensaft

Salz

Zubereitung:

Den Fischfond mit dem Wein langsam zum Kochen bringen und fast auf die Hälfte der Flüssigkeit einkochen. Sahne sowie Kräuter zufügen und sämig, cremig reduzieren. Danach passieren und mit Zitronensaft und Salz fein abschmecken. Zum Servieren die Butter einmixen.

Tipp: Diese Grundsauce lässt sich auch abwandeln: zum Beispiel mit Champagner, Kräutern oder Gewürzen!

Kalbsjus (Geflügel, Wild, Lamm)

Zutaten:

Für 1 Liter

2 kg Kalbsknochen, klein gehackt (möglichst auch Parüren und Abschnitte vom Kalb)

500 g Wurzelgemüse, gewürfelt (Zwiebel, Karotte, Sellerie)

2 EL Tomatenmark

1/2 l Rotwein

ca. 3 l Fleischbrühe oder Wasser, sehr kalt

10 Pfefferkörner, schwarz, zerdrückt

5 Pimentkörner, zerdrückt

2 Lorbeerblätter

3 Nelken

2 Thymianzweige

Salz

Zubereitung:

Knochen und Abschnitte in einer Kasserolle mit wenig Öl braun anbraten. Gemüse zugeben und dies gut mitbraten. Danach das Fett entfernen und Tomatenmark unterrühren. Wenig Rotwein angießen und gut reduzieren. Diesen Vorgang unter öfterem Umrühren ca. viermal wiederholen: So erhält die spätere Sauce eine schöne dunkle Farbe. Mit Brühe oder Wasser gut bedecken, Gewürze zugeben und einmal aufkochen lassen. Danach die Temperatur herunterdrehen. Rund 3 Stunden simmern lassen und anschließend durch ein sehr feines Sieb passieren und auf ca. 1 Liter zur kräftigen Jus reduzieren. Mit etwas ange-rührter Stärke leicht sämig binden. Mit Salz, Pfeffer und eventuell gutem Aceto Balsamico würzen.

Dies ist die Basis für eine zeitgemäße Sauce, welche alternativ als Lamm-, Wild- oder Geflügeljus mit den entsprechenden Knochen genau gleich hergestellt wird. In meiner Lehrzeit musste ich viel mehr Flüssigkeit zuge-ben und dann über 12 Stunden köcheln lassen. Dadurch schmeckten die Saucen oft leimig.

Tipp: Durch das Auffüllen mit Eiswasser oder eiskalter Brühe wird die Sauce sehr viel klarer und der Geschmack überträgt sich schneller in die Sauce. Das ist der Grund für die kürzere Kochzeit.

Nudelteig

Zutaten:

Für 4 Personen

1 Vollei
2 Eigelb
1/2 TL Olivenöl
1 Prise Salz
160 g Mehl

Zubereitung:

Vollei, Eigelbe, Öl und Salz in eine Schüssel geben und mit dem Schneebesen gut verrühren. Nach und nach das Mehl dazusieben und mit den Händen so lange verkneten, bis sich der Teig vom Schüsselrand und den Händen löst. Der Nudelteig muss schön glatt, aber noch fest und zäh sein. Zur Kugel formen, in Klarsichtfolie einschlagen und 30 Minuten kühl stellen. Dann den Teig durch die Nudelmaschine treiben und je nach Wunsch feine oder breite Nudeln herstellen.

Wer keine Nudelmaschine hat, macht es mit der Hand: Den Nudelteig auf einer bemehlten Fläche mit Mehl dünn ausrollen, 5 Minuten antrocknen lassen und in 20 cm breite Bahnen schneiden. Diese leicht mehlieren, aufrollen und in die gewünschte Form schneiden. Zum Servieren in kochendem Salzwasser mit einem Schuss Öl bissfest garen.

Petersiliennudeln:
50 g frische, blanchierte Petersilienblätter gut ausdrücken, mit Eiern, Öl und Salz im Mixer fein pürieren und mit dem Mehl wie zuvor beschrieben herstellen. Etwa 2–3 Esslöffel mehr Mehl nehmen, damit der Teig seine gewünschte Festigkeit erhält.

Rote-Bete-Nudeln:
In die Eimasse 1 Teelöffel Rote-Bete-Granulat (Bos Food oder aus dem Reformhaus) einrühren, Mehl zugeben und wie zuvor beschrieben herstellen.

Polenta

Zutaten:

Für 4 Personen

175 g Geflügelfond
(oder Wasser)

125 g Milch

1/2 EL Schalottenwürfel

10 g Butter

2 cl Weißwein

100 g Polentagrieß, fein

1 Eigelb

Salz und weißer Pfeffer
aus der Mühle

Zubereitung:

Schalotten in heißer Butter schwenken, mit Weißwein, Geflügelfond und Milch zum Kochen bringen. Unter ständigem Rühren den Polentagrieß einrühren und 10 Minuten zu einer kompakten Masse abrühren. Den Topf vom Herd nehmen, das Eigelb unterrühren, mit Salz und Pfeffer würzen.

Die Masse auf eine Klarsichtfolie geben und zu einer dicken Wurst zusammendrehen. Nochmals in Alufolie einrollen, an den Enden straff zudrehen und im Dampfgarer bei 100 % Dampf und 90 °C ca. 15 Minuten garen oder im Wasserbad bei 90 °C gar ziehen lassen. Danach abkühlen lassen. Aus der Folie nehmen, später portionieren, in fingerdicke Scheiben schneiden und in Butter goldgelb braten.

Sauce Riche

Zutaten:

Für 1/2 Liter

300 g Champignons,
braun

20 g Butter

100 g Gänsestopfleber
(auch marinierte
Abschnitte)

80 cl Kalbsjus
(siehe Rezept)

40 cl Sahne

4 cl Weißwein

2 cl Cognac

Salz und Pfeffer
aus der Mühle

Zubereitung:

Die Champignons putzen und in feine Scheiben schneiden, in der erhitzten Butter goldbraun braten. Die Gänseleber in Stücke schneiden und kurz mitschwenken. Sofort mit dem Weißwein, der Kalbsjus und der Sahne auffüllen. Die Flüssigkeit nun knapp auf die Hälfte einkochen lassen und durch ein Haarsieb passieren. Danach auf die gewünschte Konsistenz reduzieren und mit Cognac, Salz, Pfeffer, und eventuell einem Spritzer Champagner abschmecken.

Tipp: Dies ist meine Lieblingssauce, die bestens zu hellem Geflügel und Fleischgerichten passt!

Tomatensauce

Zutaten:

Für ca. 1 1/2 Liter

Tomatensauce:

1 kg Eiertomaten, geschält Dose oder Glas, püriert

1 kg Eiertomaten, frisch gewürfelt

1 Knoblauchzehe

2 EL Tomatenmark

200 g Wurzelgemüse, gewürfelt (Zwiebel, Lauch, Staudensellerie)

5 EL Olivenöl

je ein Zweig Liebstöckel und Thymian

2 Lorbeerblätter

6 Pimentkörner

Salz, Chili

Zubereitung:

Gemüse mit geschälter Knoblauchzehe in heißem Olivenöl ca. 3 Minuten schwenken. Tomaten, Tomatenmark und die Kräuter wie Gewürze zugeben und bei kleiner Hitze etwa 15 Minuten dickflüssig einköcheln lassen. Danach durch ein grobes Sieb passieren und mit Salz und Chili würzig abschmecken.

Die Sauce kann in Gläsern abgefüllt und gut verschlossen mehrere Tage im Kühlschrank aufbewahrt werden.

Tipp: Die köstliche Tomatensauce kann sehr gut zu Nudelgerichten, Risotti oder Pizzen gereicht werden.

Tomaten-Chilisauce:

1/4 l Tomatensaft

10 cl Tomatensauce

4 cl Orangensaft

1 cl Olivenöl

3 Streifen Chilischoten scharf und ohne Kerne

Tomatensaft, Orangensaft und Chili auf die Hälfte reduzieren. Tomatensauce zugeben, einmal aufkochen, passieren. Olivenöl unterrühren und mit einer Prise Salz würzen. Diese Sauce passt gut zu Krustentieren, gebratenem Fisch und gebratenem Schweinefleisch.

Geflügelbrühe

Zutaten:

Für ca. 2 Liter

1 Suppenhuhn,
frisch oder TK

250 g Wurzelgemüse,
geputzt und gewürfelt
(Zwiebel, Lauch, Karotte,
Staudensellerie)

ca. 4 l Wasser, eiskalt

1 TL Pfefferkörner

1/2 TL Pimentkörner

2 Lorbeerblätter

3 Nelken

je ein Zweig Petersilie,
Liebstöckel, Thymian

Zubereitung:

Das Suppenhuhn gut kalt ausspülen, in einen Topf geben,
gut mit Eiswasser bedecken. Langsam einmal aufkochen.
Gemüse, Gewürze, Kräuter zugeben und ca. 2 Stunden
nur wallend köcheln lassen. Wenn nötig bildenden Schaum
abnehmen. Danach die Brühe fein passieren und erst jetzt
mit Salz würzen.

Dies ist die Basisbrühe für helle Saucen, Suppen, Risotti.

Tipp: Die Brühe kann heiß in Weckgläsern abgefüllt gut
verschlossen, abgekühlt im Kühlschrank einige Zeit
aufbewahrt werden.

Hummer-Krustentier-Fond

Zutaten:

Für ca. 1 Liter

1 kg Hummerkarkassen
(Languste, Langostinos)

10 g Olivenöl

1 Schalotte, gewürfelt

je 100 g Fenchel, Karotte,
Staudensellerie, klein
gewürfelt

1 1/2 l Tomaten, geschält,
aus der Dose, püriert

1 1/2 l Geflügelfond

1 Thymianzweig

2 Estragonzweige

8 schwarze Pfefferkörner,
zerdrückt

5 Pimentkörner

2 cl Cognac

Salz

Zubereitung:

Die Hummerkarkassen zerkleinern. Olivenöl erhitzen,
die Schalotten, das Gemüse und die Hummerkarkassen
zufügen. Unter Rühren gut anrösten. Mit Cognac ablöschen und flambieren. Mit Geflügelfond und pürierten
Tomaten auffüllen. Die Kräuter und Gewürze zugeben
und ca. 30 Minuten köcheln lassen. Danach durch ein
feines Haarsieb passieren und auf 1 Liter Flüssigkeit
einköcheln lassen, mit Salz abschmecken.

Dieser Fond ist die Basis für Saucen und Suppen, welche
verfeinert werden mit Rahm etwas Champagner und Chili.

Abkürzungen und Fachausdrücke

Abkürzungen, Maße und Gewichte

EL	Esslöffel
TL	Teelöffel
Msp.	Messerspitze (1 Messerspitze sind 2–3 Prisen.)
g	Gramm
kg	Kilogramm
l	Liter
cl	Zentiliter
ccm	Kubikzentimeter
ml	Milliliter
TK	Tiefkühlkost
i. Tr.	in der Trockenmasse
Pk.	Päckchen
Pr.	Prise (1 Prise ist etwa so viel, wie Sie zwischen Daumen und Zeigefinger halten können)
1 Schnapsglas	2 cl
1 Weinglas	100 ml = 10 cl = 0,1 l
1 Tasse	125 ml = 12,5 cl = 1/8 l oder 8–10 EL
1 Spritzer	sind 2–3 Tropfen
1 Schuss	entspricht etwa 1/2 Schnapsgläschen = 1 cl

Fachausdrücke

A	
abflämmen	Abbrennen von feinen Flaumfedern – zum Beispiel bei gerupftem Geflügel – über einer Gasflamme.
abglänzen	Mit einer Glasur bedecken, glänzend machen
abschäumen	Brühen, Fonds mithilfe eines Schaumlöffels von Trübstoffen (geronnenem Eiweiß, Unreinheiten) befreien, die sich beim Kochen an der Oberfläche sammeln
abschrecken	Eine heiße Speise in eiskaltem Wasser schnell abkühlen
abstechen	Mit einem Tee- oder Esslöffel kleine Klöße oder Nocken von einer Masse formen und in siedendem Wasser garziehen lassen
abziehen	Milch mit Stärkemehl, Eiern oder Sahne verrühren, um Brühen, Saucen und Suppen sämig zu machen.
Algen (Queller):	Wachsen im salzigen Meerboden, schmecken knackig frisch, sind zart, leuchtend grün und sehr eiweißreich
anschwitzen	In Fett anrösten, ohne dass die Speise Farbe annimmt
à point	Gerade richtig, auf den Punkt gebracht braten, pochieren, garen
Aromaten	Sammelbegriff für Würzzutaten (Gewürze, Kräuter, Röstgemüse)
aufschlagen	Eine Sauce oder Creme mit einem Schneebesen bearbeiten, um sie locker und luftig zu bekommen
ausbacken	In reichlich heißem Fett schwimmend goldbraun backen
ausbeinen	Schlacht-, Geflügel- und Wildfleisch von allen Knochen befreien, ohne die Haut zu verletzen
ausbrechen	Das Knacken der Schalen und Herauslösen der fleischigen Teile bei Krustentieren
auslegen	Eine Form mit dünn gerolltem Teig auskleiden
ausstreichen	Eine Form mit Fett bestreichen, um später den Inhalt besser stürzen bzw. auslösen zu können

B	
bardieren	Mit Speck umwickeln oder belegen
Beignet	Kleines, gefülltes Gebäck (zum Beispiel Früchte im Teig) in Fett ausgebacken
bestauben/bestäuben	Formen oder Speisen leicht mit Mehl aus- bzw. bestreuen
Beurre manié	Mehlbutter – Mehl und Butter zu gleichen Teilen vermischt, zum Binden von Saucen und Suppen
binden	Mit Stärke, Eiern und Gelatine eine Speise sämiger machen
bissfest garen	Gemüse, Nudeln nicht zu weich kochen; sie sollen einen festen Kern haben
blanchieren	Kurzes Kochen in reichlich Salzwasser zum Beispiel bei Gemüse, um es von Verunreinigungen und unangenehmen Geschmacksstoffen zu befreien und die Vitamine zu erhalten; oder um die Haut besser abziehen zu können (Früchte, Gemüse).
blind backen	Teigböden ohne Füllung vor backen. Damit der Boden flach bleibt, der Teigrand aber hochgeht, wird der Teigboden mit Pergamentpapier oder Alufolie abgedeckt und mit Hülsenfrüchten (Erbsen, Bohnen) beschwert. Nach dem Backen wird beides wieder entfernt.
Bouquet garni	Ein Gewürzsträußchen aus verschiedenen Kräutern, Suppengemüse und Gewürzen zur geschmacklichen Verfeinerung von Saucen, Suppen, Brühen.
brunoise	Feingewürfeltes Gemüse

C	
Consommé	Besonders kräftige, klare Brühe (Fond)
Corail	Rogen weiblicher Krusten- und Schalentiere
Coulis	Eine Sauce von der Konsistenz eines Pürees
Crème double	Extra fette süße Sahne (45 % Fettgehalt)
Crème fraîche	Dicke säuerliche Sahne (30–40 % Fettgehalt)

D	
dämpfen	Im Wasserdampf garen, ohne dass die Speise mit Flüssigkeit in Berührung kommt. Auch: Kartoffeln nach dem Garen im Ofen austrocknen
dressieren	Mit Spritzbeutel und Tülle eine Speise geschmackvoll anrichten
dünsten	In wenig Flüssigkeit – eigenem Saft oder Fett – garen
durchstreichen	Durch ein Sieb passieren

E	
entbarten	Bei Muscheln den Bart entfernen
entfetten	Brühen, Fonds, Saucen – im heißen Zustand mit Küchen- oder Filterpapier; im kalten Zustand einfach die abgesetzte Fettdecke abheben
Entrecôte	Fleischscheibe aus dem Zwischenrippenstück vom Rind
Essenz	Stark eingekochte Brühe, konzentrierter Fond

F	
Farce	Füllung aus sehr feingehacktem oder durchgedrehtem Fleisch, Fisch oder Meeresfrüchten, pikant gewürzt und gebunden
flambieren (anzünden)	Eine Speise mit hochprozentigem Alkohol übergießen und anzünden: Der Alkohol verflüchtigt sich, zurück bleibt das feine Aroma
Flan	Im Wasserbad zubereitete Eierspeise
Fond	Extrakt, der beim Garen von Fleisch, Fisch, Wild, Geflügel und Gemüse gewonnen wird; er dient als Basis für Saucen.
Frittüre	Fettbad zum Ausbacken von Teigspeisen

G	
garnieren	Eine Speise hübsch anrichten
geklärte Butter	Erhitzte Butter, die abgekühlt durch ein Tuch passiert wird; das reine Butterfett ohne die Molke bleibt übrig
Glace	Stark eingekochte, ungesalzene Brühe (Reduktion) zur geschmacklichen Verbesserung von Saucen oder zum Überglänzen von Speisen
glasieren (glacieren)	Mit einer feinen Glasur bedecken, überziehen oder in Fett und etwas Zucker schwenken
gratinieren	Ein Gericht mit starker Oberhitze überbacken, bis eine schöne, braune Kruste entsteht

J	
Julienne	Sehr feine Streifen von Gemüse oder Trüffeln als Einlage oder Garnitur
Jus	Konzentrierter brauner Fond oder reiner Bratensaft

K	
Karkassen	Skelett von Krustentieren und Geflügel zum Auskochen für Fonds
klären	Mithilfe von einer Masse aus kleingehacktem Fleisch (Rinderhesse/ Waden-fleisch) oder Fisch mit Eiweiß und Kräutern werden sämtliche, trüben Bestand-teile aus einer Brühe gebunden und entfernt; für klare Essenzen und Gelees.
Krebsnasen	Körper ohne Schwanz von gekochten Krebsen, zum Füllen mit Farce und als Garnitur
Küchenkutter	Elektrischer Blitzerhacker zur Herstellung von Farcen
Kutteln (Kaldaunen)	Vormagen oder Pansen vom Kalb oder Rind: Fertig vorbereitete Kutteln erhält man beim Metzger.

M	
marinieren	Fleisch, Fisch, Wild einlegen in eine würzende Flüssigkeit aus Essig, Wein, Zitronensaft, Öl, Kräutern und Gewürzen
melieren	Mischen, vermengen, unterziehen
mille-feuille	Kleine Blätterteigkuchen
montieren	Eine Sauce oder Suppe mit kalter Butter aufschlagen

N	
nappieren	Speisen mit Sauce überziehen
Noilly Prat	Trockener, französischer Wermut

P	
panieren	Erst im Mehl, danach im verschlagenen Ei und zum Schluss in Semmelmehl wenden
Parfait	Eine exquisite Farce aus besonders edlen Zutaten in kleinen Formen: wird gekühlt gestürzt
parfümieren	Eine Speise mit einer aromatischen Flüssigkeit würzen
parieren	Fleisch- und Fischstücke von Sehnen, Fett und Haut befreien und gleichmäßig zurechtschneiden
Parüren	Die Abschnitte, die beim Parieren entstehen; sie werden für Fonds verwendet
passieren	Durch ein Sieb streichen oder abgießen
Passiertuch	Feines Gazetuch, durch das die feinsten, festen Bestandteile abgesiebt werden
pochieren	In einer siedenden Flüssigkeit leise gar ziehen lassen, köcheln

S	
Sabayon	Auf dem Wasserbad aufgeschlagene Eierweinschaumcreme
Salamander	Spezialgerät zum Überbacken und Bräunen
Sauternes	Süßer, alkoholreicher Weißwein
sautieren	Schnelles, kurzes Anbraten in Fett
Schalotten (Eschalotten)	Kleine, würzige, edelste Zwiebelsorte
Schlagsahne	Halbsteif geschlagene Sahne ohne Zucker oder Salz, ideal für Saucen und Pürees, um sie leicht und luftig zu machen. Immer erst unmittelbar vor dem Servieren unterheben.
schmoren	Garvorgang zwischen Braten und Kochen
soufflieren	Mit einer Soufflémasse füllen und dann dünsten oder überbacken
Spiegel gießen	Formen, zum Beispiel Terrinen, mit einem dünnen Überzug aus Gelee- oder Aspikmasse ausgießen

T	
emperieren	Eine Speise zum Verarbeiten von einer niedrigen Temperatur langsam auf 32 °C erwärmen
touren	Mehrfaches Ausrollen und Zusammenlegen von Blätterteig
tournieren	Gemüse zuschneiden bzw. abdrehen zur runden Form – heute meist olivenförmig oder länglich: aus optischen Gründen, aber auch, damit das Gemüse schneller gar wird.
Tranchen	Die angerichteten Scheiben bzw. Schnitten
tranchieren	Zum Anrichten zerlegen und in Scheiben schneiden

W	
wässern	Helles, noch blutiges Fleisch (zum Beispiel Bries, Hirn) in Wasser legen, um das Blut herauszuwaschen; dadurch bleibt das Fleisch nach dem Garen hell. Auch um den aufdringlichen Geschmack (Nieren) oder Bitterstoffe (Chicorée) herauszuziehen.
Wasserbad (Bain marie)	Ein mit Wasser gefüllter Behälter, in dem empfindliche Saucen, Cremes etc. sanft erwärmt werden, ohne zu kochen. Die Gefäße mit den Speisen stehen auf einem Untersatz, damit sie nicht mit dem heißen Topfboden in Berührung kommen. Das Wasser darf niemals sieden.

Z	
Zesten	Dünn abgeschälte Schale von Zitrusfrüchten oder Gemüse mit einem Spezialschäler (Zestenschneider)
zur Rose abziehen	Eine Crememasse unter Rühren bis kurz vor den Siedepunkt erhitzen, sodass sie auf dem Kochlöffel leicht angedickt liegen bleibt und beim Draufblasen kleine Kringel – in der Form einer Rose – zeigt.

Dieter Müller wurde 1948 in Auggen/Baden geboren. Nach Ausbildung und Wander-jahren kochte er von 1973 an bis 1990 in den „Schweizer Stuben" in Wertheim-Bettingen. 1974 erster, 1977 zweiter Michelin-Stern, 1988 19,5 Punkte von Gault-Millau, erstmals für einen deutschen Koch. Zugleich Koch des Jahres und unter die 16 besten Köche der Welt gewählt. 1990/91 Botschafter der Deutschen Küche mit Gastspielen in Asien, den USA und Australien. 1992 Eröffnung des Restaurant „Dieter Müller" im Schloss Lerbach. 1993 erhält Müller den ersten, 1994 den zweiten und 1997 schließlich den dritten Stern im Michelin. 2005 Taufe der Rose Dieter Müller. Weitere dreimal Koch des Jahres. Seit 2009 Ehrenpräsident der ChefHeads – Club der Küchenchefs. Seit September 2010 auf der MS Europa, dem weltweit einzigartigen 5 Sterne Plus Kreuzfahrtschiff mit dem Restaurant Dieter Müller. Der mehrfach ausgezeichnete Kochbuchautor betreibt nebenbei mit seiner Frau eine eigene Kochschule in Odenthal. Seit 2011 Präsident des Kochwettbewerbs „Koch des Jahres" sowie Kinderherz-Botschafter.

© 2014 by Helmut Lingen Verlag GmbH & Co. KG, Brügelmannstr. 3, 50679 Köln
Autor: Dieter Müller, unter Mitwirkung von Thomas Schwitalla
Foodfotografie: Jo Kirchherr, Köln
Foto Vorwort (S. 4): Ranga Yogeshwar
Coverfoto: Jo Kirchherr, Köln
Gestaltung: Andrea Martens
Projektleitung und Redaktion: Heinrich Hengst

Printed in EU
ISBN: 978-3-942453-95-0
Alle Rechte vorbehalten.
www.lingenverlag.de
www.dietermueller.de

FSC
www.fsc.org
MIX
Papier aus ver-
antwortungsvollen
Quellen
FSC® C104350